Olá, pessoal!

REFLEXÕES NA PANDEMIA

CB034382

Editora Appris Ltda.
1.ª Edição - Copyright© 2025 do autor
Direitos de Edição Reservados à Editora Appris Ltda.

Catalogação na Fonte
Elaborado por: Dayanne Leal Souza
Bibliotecária CRB 9/2162

M994o 2025	Muzinatti, João Luiz Olá, pessoal! Reflexões na pandemia / João Luiz Muzinatti. – 1. ed. – Curitiba: Appris, 2025. 135 p. ; 21 cm. ISBN 978-65-250-7100-8 1. Pandemia. 2. Filosofia. 3. Reflexão. 4. Solidão. 5. Superação. 6. Pensamento. I. Muzinatti, João Luiz. II. Título. CDD – 234.2

Livro de acordo com a normalização técnica da ABNT

Appris editorial

Editora e Livraria Appris Ltda.
Av. Manoel Ribas, 2265 – Mercês
Curitiba/PR – CEP: 80810-002
Tel. (41) 3156 - 4731
www.editoraappris.com.br

Printed in Brazil
Impresso no Brasil

JOÃO LUIZ MUZINATTI

Olá, pessoal!

REFLEXÕES NA PANDEMIA

artêra
editorial

CURITIBA, PR
2025

FICHA TÉCNICA

EDITORIAL	Augusto V. de A. Coelho
	Sara C. de Andrade Coelho
COMITÊ EDITORIAL	Marli Caetano
	Andréa Barbosa Gouveia (UFPR)
	Edmeire C. Pereira (UFPR)
	Iraneide da Silva (UFC)
	Jacques de Lima Ferreira (UP)
SUPERVISORA EDITORIAL	Renata C. Lopes
PRODUÇÃO EDITORIAL	Sabrina Costa da Silva
REVISÃO	Viviane Maria Maffessoni
DIAGRAMAÇÃO	Bruno Ferreira Nascimento
CAPA	Carlos Pereira
REVISÃO DE PROVA	Jibril Keddeh

O sol não apenas é novo cada dia, mas sempre novo,
continuamente.
(Heráclito)

A Irene e Zola.

Apresentação

O que dizer sobre este pequeno livro de reflexões soltas e não sincronizadas intencionalmente? Uma tentativa de propor ao leitor uma postura mais atenta ao mundo em que vive? Pode ser! Seria algo que se pretende sério, mas que se adapta à tendência maior do leitor mediano: não praticar prolixidade? É possível, mas... por que trazer à luz uma coleção de 100 aforismos, sem tratar de um tema maior, específico, sobre o qual se tenha clareza desde o primeiro parágrafo? Não existe mesmo, de fato, esse tema? Bem, aí está o *Olá, pessoal! Reflexões na Pandemia!*

Talvez o próprio título já traga as pistas. São reflexões realizadas num momento sem precedentes na vida de quem acabara de completar 60 anos. Alguém que se forjou e se acostumou com o contato diário, físico, pessoal, com muita gente: seus pares, familiares, amigos íntimos, desafetos... Esse momento, que nos pareceu um assalto a mão invisível, foi algo determinante, não só para transformar radicalmente nossos hábitos e posturas, mas – talvez, principalmente – nossa percepção mais direta sobre o mundo e aquilo a que aprendêramos a denominar (sem grandes reflexões) *vida*. Sim, de repente a vida se tornou aporia e, sem qualquer preparo para pensar nisso, acabamos nos sentindo perdidos. De repente, o enclausuramento, o medo, e para alguns como eu, a *solidão*.

Um vírus de repente invadiu nossa cidade – e o país, o mundo –, praticando destruição, pânico e morte. Uma guerra! Sim, estávamos em guerra; contra um inimigo impiedoso, poderoso e invisível. Num belo dia de março, uma semana após meu aniversário, recebi a ordem de meus patrões para que ficasse em casa e trabalhasse de lá. Distante de meus filhos e sem companheira, passei a dividir minha vida com um computador. Uma máquina falava comigo, me dava ordens, me ouvia e me mostrava imagens de pessoas como eu, que também tentavam dar um sentido àquele momento e aos caminhos que deveríamos seguir. De repente, me vi perdido e indefeso diante de um fogo cruzado que tinha o poder de me destruir, bem como os meus filhos e amigos. Para onde correr?

Bem, o que comanda a esperança numa guerra é saber que estamos sendo protegidos. Um exército nunca saberá para onde seguir se não tiver líderes confiáveis que o direcionem – não somente com autoridade, mas com posturas que façam sentido e que mostrem luzes em meio ao breu que desaba sobre o humano em tempos de violência e destruição. Nossa guerra era biológica, e as armadas deveriam ser formadas por cientistas e líderes que nos protegessem. Bem, deveriam...

Aqui, ao contrário, tal comando não veio. Desde os primeiros dias, o vírus foi soberano. Aqueles que deveriam nos liderar se acovardaram, se esconderam e – pior – nos trouxeram ainda mais perplexidade e desalento. A cada gesto diário de buscar boas notícias nos jornais e redes sociais, ouvíamos barbaridades como "gripezinha", "resfriadinho", mi-mi-mi, enquanto pessoas pereciam como insetos. Para onde acabei correndo?

Sem grandes pretensões, num *Dia do Trabalhador*, usei um recurso da rede Instagram para fazer homenagem aos trabalhadores brasileiros, os quais, além das dificuldades que nosso país sempre impõe às classes produtoras, ainda tinham de enfrentar um desgoverno. Falei durante um minuto – o tempo gratuito permitido. Apontei o celular para mim e disse o que o tempo me permitiu. Sem esperar por nada de especial, acabei (naquele mesmo dia) recebendo comentários de muita gente. "Faça mais"! "Gostei; boa ideia"! Sem grandes pretensões, fiz o que me sugeriam. Repeti a dose. E falando sobre o quê? Sobre temas que me vinham à mente. Sobre a Pandemia; mas também sobre amor, política, comportamento, ideias, enfim, sobre banalidades que a filosofia usa tirar do banal. Comecei a filosofar com meus amigos e desconhecidos. Sem mais, acabei criando um remédio caseiro, o qual, estou certo, acabou por minimizar meu sofrimento - e de muita gente mais. E a ideia que pareceu brotar do nada acabou por se incorporar a vidas de pessoas que, assim como eu, necessitavam de razões para que continuassem a crer na vida possível após aquela guerra sem comando.

Após 100 episódios diários, senti que a dose do remédio já me bastara – assim como para meus expectadores. E, do jeito que vieram ao mundo, minhas reflexões se foram para não mais voltar. E lá estão elas, esquecidas nos fundos da minha página no Instagram. Talvez tenham cumprido seu papel no mundo, e, assim como as nossas vidas finitas, deram lugar a novos personagens nessa aventura humana, neste pequeno planeta chamado Terra.

O livro que você, leitor, tem em mãos é uma transcrição literal daquilo que foi dito, compartilhado e serviu de apoio num momento tão difícil e marcante de minha vida. Por que a transcrição? Não sei ao certo, mas, relendo os pequenos trechos do livro, percebo como são importantes as possíveis reflexões sobre nossas vidas. E, ao perceber que tudo aquilo que foi dito acabou compondo uma verdadeira artilharia particular contra um exército invisível de destruição (principalmente da nossa capacidade de pensar), gostaria de apresentar tais ideias a você que se propõe a vir pensar comigo.

Não se trata apenas de um conjunto de ideias que (sempre) nos ajudam um pouco a ler o nosso mundo mais criticamente. Ler este livro é como conhecer uma história de resistência: contra o medo, a solidão e a um dos maiores empecilhos à nossa vida mais plena: o desconhecimento.

Prefácio

Olá, pessoal!

Que ótima maneira de iniciar uma conversa! Durante um período em que encontros presenciais eram impossíveis, João encontrou uma forma brilhante de se manter presente em nossas vidas. Em meio a uma avalanche de desinformação, suas pílulas diárias de conteúdo relevante nos proporcionaram momentos de reflexão sobre questões que nos afligiam durante aqueles tempos pandêmicos. Sempre preocupado em nos trazer informações válidas e significativas, baseadas em pesquisas científicas e leituras filosóficas, João se destacou em meio à enxurrada de "fake news" que nos cercava.

Esse é João Luiz Muzinatti, nosso professor desde 2015 em um curso de filosofia on-line. Já estávamos familiarizados com suas aulas, reuniões e conversas digitais, que se tornaram ainda mais frequentes após 2020. Em nossos encontros digitais atuais, iniciamos nossos sábados com leituras e análises de textos de diversos pensadores. Sob sua orientação, somos desafiados a desenvolver um pensamento crítico sobre o mundo, promovendo debates contemporâneos dentro de uma perspectiva filosófica e sociológica. Hoje, todos estamos habituados a esse mundo digital de "Skypes", "Meets", "Zooms", "WhatsApps", e foi com grande satisfação – e um certo receio – que recebemos o convite para escrevermos juntos o prefácio desta obra: *Olá, pessoal! Reflexões na pandemia*.

Durante o isolamento que vivemos a partir de março de 2020, na pandemia da Covid-19, João nos presenteou com reflexões que fazem parte do seu cotidiano. Ele compartilhou com seus seguidores, através de vídeos curtos de 1 minuto, janelas de reflexão que buscavam na filosofia uma forma de pensar sobre a vida em tempos de isolamento, ameaças, perdas, incertezas e riscos iminentes. Tempos difíceis!

Aquele "Olá, pessoal!" chegava sempre como um aceno para que nos sentíssemos mais próximos e, por alguns minutos, conectados com a vida em tempos de solidão. Essa chamada diária nos colocou em sintonia por 100 dias, auxiliando-nos nessa travessia de incertezas e inquietações.

Nunca havíamos experimentado de perto uma pandemia! Nunca havíamos enfrentado um cenário tão desafiador! Tudo era novo! O "novo normal" que ouvíamos falar ocasionalmente tornou-se realidade e ter o privilégio de receber, durante 100 dias, contribuições tão significativas, trouxe para muitos um maior encantamento com a filosofia e o livre pensar.

Este livro, *Olá, Pessoal! Reflexões na pandemia*, reúne os 100 vídeos em uma obra escrita, finalizada com um de seus poemas. *Olá, pessoal!* é uma obra que vale a pena ser visitada, com textos que transcendem o momento em que foram criados e têm muito a nos dizer sobre nossa vida, nossas escolhas e nosso futuro.

Marta Tereza D. Siqueira (Pedagoga) e Augusto Braga (Psicólogo)

Alunos de Filosofia, desde 2015, do professor João em curso on-line. Durante a pandemia, foram expectadores diários dos vídeos que deram origem a este livro.

Sumário

Na pandemia, uma voz que tenta se libertar

É difícil encontrar a felicidade dentro de si mesmo, mas é impossível encontrá-la em qualquer outro lugar.

(Schopenhauer)

O ano é 2020. Mais exatamente o mês de maio. Após um tempo de grande confusão, que se arrastava desde meados de março do mesmo ano, alguns já começavam a buscar uma ou outra saída para a angustiante situação de estarmos refém de um vírus – traiçoeiro e invisível – que nos ameaçava mortalmente.

Ficar confinado era o mínimo que o bom senso indicava. Afinal, precário era o conhecimento que se tinha da situação. Milhares de mortes em vários países, e a inevitável chegada do coronavírus SARS-CoV-2 ao Brasil, já causando a assustadora quantidade de 6000 mortes pela doença[1]. As pessoas tentavam se adaptar à situação. Não mais sair para o trabalho era um imperativo para alguns, ajustando formas de continuar a produzir à distância – dependendo, obviamente, de esquemas propostos pelas gestões das empresas. Alguns, sem a mesma sorte – por trabalharem em serviços em que não se poderia abrir mão da presença física – saindo às ruas como soldados de infantaria rumo ao front. Muita gente, sem poder abrir mão de seu ganho mensal mínimo,

---

[1] Ver em: https://g1.globo.com/bemestar/coronavirus/noticia/2020/04/30/casos-de-coronavirus-e-numero-de-mortes-no-brasil-em-30-de-abril.ghtml.

tendo de sair quase que desarmada; pois era escolher entre morrer de fome ou pela doença.

Os mais diversos casos de contaminação e de mortes eram relatados diariamente pelas TVs, as redes sociais e os jornais de todos os estados brasileiros. Atitudes díspares entre aqueles que se posicionavam acerca da doença e sua possível prevenção. Para muitos, a mais séria pandemia em um século: terrível pelo poder do vírus e pelo desconhecimento acerca de sua natureza e das possíveis formas de contaminação. Para outros, uma "bobagem", um "resfriadinho", uma "gripezinha", ou um plano comunista, possivelmente orquestrado pela China, para destruir o Capital internacional. E uma chaga quase mortal de nossa cultura que, de repente, se abria e sangrava: o negacionismo em relação à ciência.

Autoridades nacionais se dividiam. Enquanto os principais nomes ligados à ciência (no Brasil e no mundo) procuravam elucidar fatos e possibilidades, bem como formas de prevenção contra a doença, a nossa mais alta cúpula governamental pregava a não prevenção e priorizava a continuidade do processo econômico, afirmando que a derrocada da economia seria muito pior do que algumas "mortes inevitáveis". Tal pensamento operaria como bomba relógio que roubaria mais de setecentas mil vidas em menos de dois anos.

Em meu apartamento, vivendo em completa solidão, era expectador e protagonista desse absurdo (mais um) que a vida real nos proporciona. Atento às notícias (muitas) sobre os acontecimentos e as opiniões acerca da Pandemia (que alguns negavam de maneira contumaz), vivia num vai-e-vem sem rumo, até mesmo porque não tínhamos a dimensão sobre os limites dos nossos movimentos. "Será que até o supermercado é seguro me locomover?" "Aonde ir buscar pão e leite pelas manhãs?" Pensando em tudo e em nada, tinha como consolo meu trabalho de professor e pesquisador: pela manhã, no colégio, à noite e parte da tarde, como professor universitário.

Enquanto estava em contato com meus pares e alunos, o tema era sempre desviado do mundo real, e me enredava em conceitos matemáticos e filosóficos, os quais, habitando planos superiores, não se davam ao trabalho de se imiscuírem nas imperfeições e podridões humanas. Triângulos, equações, reflexões profundas e aforismos garantiam-me o sagrado intervalo de tempo em que podia dar-me o luxo de não observar as paredes, as ruas desertas que minha janela exibia e nem absorver o silêncio ensurdecedor que a brevidade e incerteza da vida nos sopravam e quase nos explodiam as mentes.

Foi o momento em que a tecnologia digital se nos apresentou criativa e redentora. Começaram a crescer as tais *lives*, as reuniões de trabalho on-line e a possibilidade de nos vermos livres – até pela situação de descompromisso que a incerteza nos parece trazer de repente – para nos manifestarmos e, por que não, gritarmos nosso desespero em forma de contatos e diálogos vazios. Muitos de nós promovíamos encontros virtuais, públicos ou entre pessoas amigas ou parentes, nos quais discutíamos a própria situação, a qual evocava espera e esperança.

Nesse momento, nossas mentes se articulavam, tendo em vista as possibilidades de criarmos atalhos para seguirmos aquele estranho caminho de maneira mais leve. Em meu reduto de sobrevivência, tentava criar sentidos para que os próximos passos pudessem ser dados com alguma finalidade plausível. Tentava encontrar um novo eu, apartado de amigos, abraços e sorrisos abertos e declarados. E as coisas começaram a acontecer. Nessa busca por alguma nova pista, para daí construir-me numa nova versão, aconteceu algo fortuito e, em princípio, também desprovido de sentido. Eu acabei criando, mesmo, algo novo.

Tudo começou justamente no dia 01 de maio. Dia do Trabalho, feriado nacional. Oportunidade sempre grandiosa de se pensar na vida e nos porquês deste mundo. Lembrei-me, naquela manhã, enquanto fazia o café, de um texto escrito no Dia do Trabalho do ano de 2014 – um poema. Seis anos antes da Pandemia, vivendo no décimo nono andar de um prédio na Barra Funda, olhei pela janela e observei o trabalho árduo de operários da construção civil – em pleno Dia do Trabalhador (que, é óbvio, não era o dia de todo e qualquer trabalhador). Nesse momento, pensando em mim e em todos os trabalhadores que tentávamos produzir e sobreviver na Pandemia, decidi publicar um vídeo que tivesse algo a ver com os operários brasileiros – mais uma vez tendo de se equilibrar na incômoda gangorra do mundo capitalista. E fui vasculhar as possibilidades no Instagram – rede social onde, já havia um tempo, costumava publicar poemas, textos curtos e até vídeos de um canal que tenho no YouTube[2]. E acabei descobrindo um espacinho para dizer coisas em, no máximo, 60 segundos.

Tudo era bem simples, em tese. Deveria apontar a câmera do celular para meu rosto e começar a falar. Enquanto estivesse falando, teria de observar o tempo (que ia passando e era mostrado na telinha), para fazer caber minha mensagem no breve minuto que teria de administrar. E saí falando sobre o tal poema. Expliquei do que se tratava e avisei que o texto estava reproduzido na íntegra, abaixo do vídeo. E lancei meu comentário ao mundo. Em poucos minutos, algumas pessoas viram. Um ou outro comentário – não exatamente sobre o problema do trabalhador na pandemia –, numa sinalização de que meu intento tivera algum êxito. Falando com parentes e alguns amigos, senti que fizera algo útil, pelo menos pela curiosidade que despertara naqueles que quiseram me ver e ouvir.

---

[2] Ver em: https://www.youtube.com/@joaomuzinatti. Canal com palestras sobre Filosofia e Educação Matemática. Até hoje está no ar, e soma 4750 inscritos, e mais de 360 mil visualizações.

Dois dias depois, lendo um trechinho de Nietzsche sobre amor, pensei: "por que não compartilhar esta reflexão com mais gente"? E fui em frente, novamente. Acho que, sem querer, escolhi um tema que agradou. Resultado: pessoas me mandaram mensagens me pedindo para fazer de novo. Uma delas até me pediu para falar sobre "os acontecimentos de nossa época de reclusão".

A partir dos comentários recebidos e de minha própria avaliação dos fatos, decidi que usaria as manhãs dos próximos dias para propor alguma pequena reflexão (filosófica, existencial, o que desse para fazer). E comecei a levar a sério aquela brincadeira, a qual, de repente, se transformava em trabalho e projeto – voluntário, prazeroso e sério – que eu desejava ver crescer. De repente, conquistara algo muito comum em nossas vidas de professores: mais um trabalho não remunerado. Mas não era sofrido, dava-me prazer. E, quanto mais me apresentava publicamente com as reflexões, mais novas ideias surgiam, e aquilo ia se tornando necessidade para mim. Então, as coisas se inverteram. De repente, aquela criação tinha vida própria e não queria mais parar de crescer.

Pessoas me mandavam mensagens comentando a fala, outros me ligavam propondo temas, e houve até quem me dissesse que, nos momentos do café da manhã, meu vídeo de um minuto se transformava em tema para breves discussões matinais. Minha diversão agora se transformava em *missão*.

Agora queria fazer *bem feito* – se é que sabia o que poderia significar esse "bem feito". Falar corretamente, sem erros de português (ou falas em tom mais baixo que o compreensível), articular os pensamentos e, o principal: conseguir colocar, ao máximo, o potencial do tema escolhido no intervalo de 60 segundos. Como se não bastassem as aulas on-line no colégio e na faculdade, agora tinha outra obrigação: falar bem, com clareza, e fazer com que meu pensamento chegasse e ancorasse nas mentes das pessoas – as quais nem sabia quem eram.

Aos poucos, começava a dominar as novas técnicas. Já possuía um certo traquejo com falas na frente das câmeras – pois possuo um canal de vídeos desde 2011 e também já fui comentarista sobre Filosofia em programas televisivos, na TV Escola – e isso me ajudou. Porém, o fato de, na minha solidão, ter de segurar o telefone celular apontado para mim, pensar no que falar e observar o tempo a fim de fazer caber tudo em 60 segundos, era, sim, algo novo e bem mais desafiador. Mas, como em quase tudo que fazemos nesta vida, o interesse em aprender parece favorecer algum sucesso. E eu o fui percebendo à medida que os dias foram transcorrendo. Sentia-me mais seguro e, de repente, já desejava muito aquele momento de grande concentração, em que produzia (sempre por volta das 7 horas de cada manhã) minha reflexão e a enviava às pessoas.

Os temas? Apareciam! Ou pensava neles a partir de um interesse pessoal como trabalhador de filosofia, ou vinham de demandas das pessoas, que já iam, aos poucos, se tornando meu público. Havia momentos em que as notícias (escabrosas) sobre a pandemia (principalmente no Brasil) determinavam reflexões mais específicas sobre questões pertinentes e emergenciais. Porém, nunca me esquecia dos grandes pensadores nem de problemas marcantes da filosofia. Talvez sonhasse, secretamente, que aquelas falas pudessem fazer sentido para além daquele momento. E seguia sempre com análises que, ao fim e ao cabo, acabavam sendo aprovadas pelo público – o qual se tornava cada vez mais fiel.

As falas, curtas e sintéticas, quanto os 60 segundos podiam permitir, eram pontuais e tratavam de temas inicialmente bem específicos – tanto dentro do pensamento de um autor quanto em relação a uma dada temática. Houve vezes em que redigi, de propósito, algumas falas completas.

Percebi, então, que cada uma tomaria cerca de 10 a 15 linhas de uma página usual de livro. Posso até dizer que cada um desses minutos no Instagram me pareceu funcionar como uma questão isolada e descolada do geral: um *aforismo*.

Minhas falas eram despretensiosas no ponto de vista discursivo: sempre curtas e sintéticas. Entretanto, pareciam ter força para fazer com que as pessoas, em momentos desvinculados do trabalho sério cotidiano, pudessem dialogar e pensar. Tratava-se de coisa simples, a produzir efeitos complexos. Parecia ter encontrado uma forma de me comunicar com as pessoas sobre temas profundos, e sem o ônus das falas maçantes.

Cada trabalho de um minuto me rendia, entretanto, tempo considerável em sua preparação. Ao contrário da fala final – essa já bem estruturada na mente, e que, na maioria das vezes, era feita numa só vez –, a preparação exigia nexo, articulação das ideias e conceituação precisa. Não podia falar besteira, nem na forma nem no conteúdo. Então, os livros desceram das estantes, e os sítios da Internet foram muito vasculhados – geralmente, na noite que antecedia à manhã de gravação. Aos poucos, dominava as falas, mas também sentia que elas me passaram a dominar.

De repente, percebi que rabiscava pequenos poemas – acrósticos e haikais, por exemplos – os quais tinham a ver com os temas a serem (ou já) tratados. E, na mesma página do Instagram, acabei publicando poema ao lado de vídeo, o que fez aumentar a repercussão e as devolutivas desse meu "novo" público. Eu, agora, corria atrás dos vídeos. De certa forma, enquanto os produzia, também era produzido por eles. Meu olhar direcionava as reflexões, mas meu pensamento andava também no ritmo das postagens. Quem disse que dominamos completamente aquilo que fazemos?

Os conteúdos dos 100 vídeos são variados. Alusões a pensamentos de gente como Nietzsche, Schopenhauer, Aristóteles, Kant etc. e discussão sobre temas como violência, autoritarismo, amizade e amor, por exemplo. As pessoas pediam para que falasse sobre certos assuntos, e eu tentava, dentro do possível, atendê-las. Alguns postavam comentários, outros me comentavam no particular. Aqueles dias tornaram-se, para mim, um tempo de completa e profunda dedicação à atividade de pensar. Afinal, ocupava meu dia com o trabalho acadêmico intelectual e tinha também que resolver problemas que algumas pessoas me propunham a partir dos vídeos. As horas voavam, e eu não parava. Quando me dei conta já havia produzido dezenas e dezenas de reflexões de um minuto. O ser veio à luz, cresceu e esbanjava força.

Perto de se completarem os 100 episódios, pensei que esse seria um momento para parar e refletir (sobre as reflexões...). O que produzira até ali fora relevante? Havia se transformado em material a ser melhorado ou lapidado? Faria falta se deixasse de ser produzido? *Deveria, ou não, continuar*. E, depois de muito pensar, acabei escolhendo o filme número "100" para tratar desse tema. Falei, *in passant*, sobre parar ou continuar, emendando uma temática afim. "Paro ou continuo, pessoal"? E lancei meu sinalizador.

A quantidade de pessoas que entendeu minha fala pareceu pequena. Aqueles que se dirigiram a mim – sempre no particular – e pediram que continuasse foram poucos. O dia passou, esperei mais alguns dias e percebi que a resposta já fora dada. Meu projeto estava completo. O recado fora dado. E parei tão subitamente como iniciara o projeto.

Nas semanas e meses que vieram, ouvi elogios. Porém, o silêncio foi mais eloquente. As pessoas usaram meu produto e (ao que parece) o degustaram com prazer. Mas foi como aquela fruta que encontramos pela estrada, reluzente e quase caindo da árvore. Aquela com a qual nos deliciamos por um momento, mas que o tempo e nossa satisfação momentânea nos fazem deixar pelo caminho. E levamos aqueles instantes de prazer na lembrança: apareceram do nada, nos apeteceram e se acabou. A vida segue!

Quanto a mim, posso dizer que os cem dias foram marcantes: valem uma vida. Recluso qual prisioneiro de guerra, criei um paliativo para a solidão e – melhor que isso – para a falta de sentido num momento crucial da vida. Tenho convicção de que, como profissional da educação e da filosofia, pude fazer meu ofício útil para mim e para muita gente. E decidi, depois de um tempo, que tudo o que fiz nesse momento não deveria morrer – afinal, a árvore ainda está na estrada.

Se vão continuar a degustar seus frutos não me cabe saber. Mas, como já me aconteceu de descobrir textos antigos e perdidos que me foram decisivos na vida, por que não oferecer (algo que foi tão útil a muita gente) àqueles que o possam descobrir a partir de agora e usá-lo da forma que quiserem. Então, aqui está (*ecce homo*)!

Quem se aventurar por estas páginas provavelmente encontrará temas relevantes, simplesmente porque, de tão simples, não costumam ser discutidos, e nos sacodem para muitas coisas importantes de nossas vidas. E isso não é mérito meu, mas da própria filosofia, a qual lida preferencialmente com temas banais que a ciência, a tecnologia e as finanças desprezam. Poderá, também, fazer um exercício de inferência acerca do que pode pensar e sentir um homem que, sem que tivesse a intenção, foi obrigado a viver na solidão. Alguém que, sem mais nem menos, se viu apartado de pessoas, locais de encontro (que seis décadas haviam sacralizado) e da sensação de ser parte de um mundo vivo.

Neste texto escrito, fiz questão de manter a íntegra das falas, no formato que os vídeos registram. Apenas algumas (poucas) correções foram feitas para que o texto não ficasse confuso. Também foram corrigidas uma ou outra falha de concordância que a linguagem coloquial nos leva a cometer sem que percebamos. Há explicações sobre alguns nomes e situações que o texto não explicita o significado. O nome deste livro – *Olá, pessoal!* – refere-se justamente ao início da maioria dos vídeos: prática usual em minhas aulas e forma rápida de iniciar cada vídeo e fazer a ideia caber no minuto. Quem lê o texto talvez tenha aquela famosa sensação do "quero mais", pois a ideia central foi sempre levantar questões. O restante da proposta seria justamente suscitar discussões. No nosso caso, aqui, quem sabe, antigos livros possam sair do conforto das prateleiras e nos ajudar a pensar em respostas para o que está escrito. É mais um caminho que este professor tenta criar para que todos possamos aprender. Estou certo de que, em 2020, houve grande aprendizado, e não só de quem assistia aos vídeos.

O aprendizado maior foi meu. E ainda está sendo, agora que posso discutir as linhas deste livro com quem quiser lê-lo. Muita gente comeu as frutas maduras daquela estrada árida e solitária, habitada por invasores disfarçados e reféns desesperados. Mas, a árvore continua viva. Quem quiser conhecê-la ou revê-la (e dela desfrutar) certamente sentirá um sabor diferente, o qual não sei qual será. O que sei é que todos nós que passamos por aquele caminho nunca mais o esqueceremos. Foi-nos íngreme, cinza e indócil. E, dentre as tantas coisas doces – produzidas, achadas ou sonhadas – que nos ajudaram a sobreviver, estão frutas comuns e corriqueiras, irrelevantes a ponto de sempre ficarem para trás enquanto o mundo roda a todo gás. Quem sabe o seu novo sabor possa ser aprazível num futuro próximo ou distante? Quem sabe que sabor pode ter hoje? Ao escrever este livro, penso em Heráclito – que está no texto – e na sua "constante mudança das coisas". E sei que ele também disse que "a natureza ama se esconder". Será que essa árvore poderá ser descoberta em algum momento especial? Não dá para saber. Mas penso ser de bom tamanho mantê-la viva.

Dia do trabalho

(01/05/2020)

Olá, pessoal!

Este poema que você vai ver abaixo foi escrito em 2014. Eu acordei num Dia do Trabalho para tomar aquele café da manhã do feriado, e olhei pela janela. Vi operários da construção civil trabalhando muito. Então, não tive coragem de tomar café sem antes fazer uma homenagem a eles. Escrevi este poema.

Hoje, nós estamos comemorando o Dia do Trabalhador. E aí vai um poema pra você, trabalhador, que espero que esteja sem trabalhar hoje. Mas... você constrói o mundo, constrói a história. Parabéns!

DIA DO TRABALHO

Primeiro de maio!

Na janela do feriado,

quem precisa de TV

ou Ipad,

luzes inventadas,

promessas de vida melhor ...

Brota um sol esfumaçado,

do quadrado eloquente

da manhã quieta

e despretensiosa. Vida, quase ...

Corpos e energias a se misturar

com paredes, cimento, desejos,

risos e sonhos, professados, ou
inconfessos.

Movimento!

Dança metafísica ou mera
contingência...

Mundo a se fazer

como sempre,

"desde sempre".

Homens quase invisíveis,

que se desvelam como massa,

operários a se enroscar

no ballet da história,

velha coreografia do rico,

vasto e livre mundo.

Mais um prédio a ser gestado,

mais vidas, dramas

e mais vidas...

mais história a se escrever.

Homens quebram

e reconstroem

a cidade e o cenário,

o novo sol que entrará, em breve,

pela janela que hoje os mostra,

vigorosos.

O velho e novo

(e sempre) palco das labutas nossas

de todos os dias.

O sistema, as finanças,

o alimento frio

ou a iguaria nobre.

Homens de carne e ossos

a verter seu valioso

e insignificante suor,

velha seiva que dá vida a tudo

e a todos.

Festejam, sem querer pompa,

a tardia esperança de viver

sem saber por quê.

Inventam razões entre
tantas razões,

só porque seu sangue quer pulsar

e seu dia é sagrado.

Virtuosos, talentosos,

que desdenhamos

atentos ao dia,

feriado,

festa de mais uma invenção

ou tolice humana.

Não percebem aplausos,

nem apupos.

Só querem viver,

fazer parte,

criar plataformas novas

para outros (novos e antigos)

movimentos.

Espetáculo gratuito

a chegar-me aos olhos

e fazê-los verter outras águas,

mais vazias e tristes que seu suor,

afinal, sou apenas espectador,

eles são os astros.

Não vou aplaudi-los;

não vão me ouvir.

Ou, talvez, não seja eu

crítico avalizado

para arte tão confusa . . . ou
sublime, sei lá!

Um café se torna brinde

ou droga . . .

Que triste é não saber os porquês . . .

E fecho a janela,

(que mais?)

pois quero mesmo é poder
descansar.

Hoje é meu dia!

[João Luiz Muzinatti 01 de maio/2014]

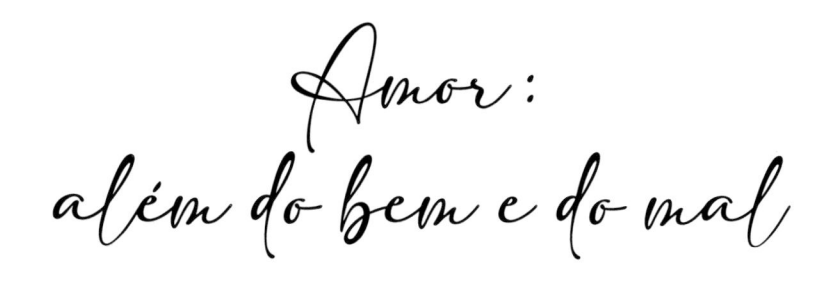

Amor: além do bem e do mal

(03/05/2020)

Oi, pessoal, tudo bem?

A quarentena também pode ser um momento para a gente refletir. Então, apresento a vocês uma reflexãozinha aqui. Retirada do livro *Além do Bem e do Mal*, de Friedrich Nietzsche. E ele tem um aforismo bastante interessante aqui. E ele diz o seguinte:

"O que se faz por amor se faz sempre além do bem e do mal".

Na nossa vida, nós temos uma porção de coisas que explicamos, e coisas que não conseguimos simplificar. O amor é uma delas. E o amor, segundo Nietzsche, consegue ir além do que chamamos de bem e de mal.

Já pensamos nisso?

Homenagem a Aldir Blanc

(04/05/2020)

Olá, meu amigo!

Algumas pessoas falaram: João pode continuar com os seus vídeos, que essa reflexão de todos os dias está interessante.

Então, vamos lá!

Hoje, eu não conseguirei falar sobre uma coisa muito alegre, pois hoje eu soube que morreu Aldir Blanc: alguém muito importante na minha formação.

Alguém que, na década de 1970, em plena ditadura, dizia coisas como "tantos iguais se reúnem contando mentiras pra poder suportar"; ou "o Brasil não conhece o Brasil".

Mas ele dizia também que "eu sei que uma dor assim pungente não há de ser inutilmente".

Obrigado, Aldir Blanc, por tudo aquilo que você conseguiu fazer por mim e por tanta gente.

Valeu!

A história não se repete

(05/05/2020)

Olá, pessoal!

Vamos falar de um assunto político hoje.

Muitas pessoas estão me dizendo que... nossa, João!... a história está se repetindo em nosso país. As coisas estão muito ruins.

Concordo com isso! Mas eu tenho aqui uma questão. No livro *O 18 Brumário de Luís Bonaparte*, Karl Marx dizia assim: "olha, a história não se repete, não. Na primeira vez, acontecem as coisas como tragédias; na segunda, como farsa".

Naquele livro, ele falava sobre o segundo golpe da família Bonaparte. Da mesma forma: com apoio das elites etc. E, hoje, eu pergunto pra vocês: as coisas que estão acontecendo são novidade? Nós já não vimos isto antes?

Então, não podemos dizer que a história esteja se repetindo: da primeira vez foi tragédia; agora, talvez a gente já pudesse se lembrar.

Vamos pensar sobre isso, pessoal!

As coisas não se repetem. A não ser que a gente deixe.

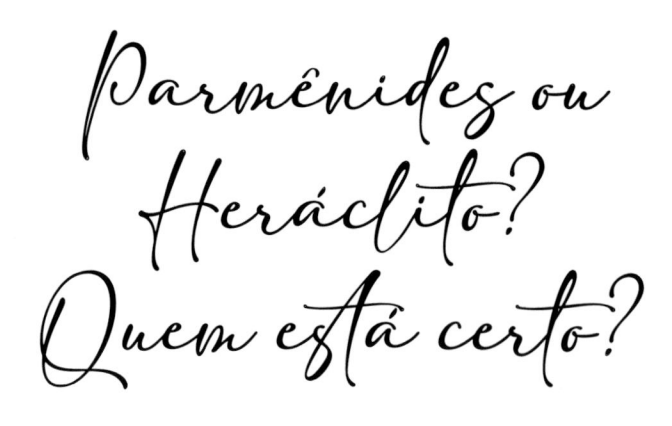

Parmênides ou Heráclito? Quem está certo?

(06/05/2020)

Oi, pessoal! Lá vamos nós de novo.

Nesse tempo de pandemia, de quarentena, as pessoas estão dizendo assim: "nossa, nós estamos vendo as pessoas se transformarem; elas estão mudando seu jeito de ser"; "o que será? Em que será que elas vão se transformar"?

Pois bem, pessoal, na Antiguidade Grega, existiam dois pensadores: Parmênides e Heráclito.

Parmênides dizia assim: "olha, essa história de mudança, de movimento... isso é uma ilusão, isso não existe".

Já Heráclito dizia: "o que existe, mesmo, efetivamente, é o movimento; nós somos seres em mudança, o tempo todo; um homem jamais entrará duas vezes num mesmo rio, pois, na segunda vez, serão novas águas a banhá-lo, e será um outro homem".

E você: o que acha de tudo isso? Nós vivemos uma constante mudança, ou o que vale é algo que somos?

Nós somos?

Será?

Gratidão

(07/05/2020)

Olá, pessoal!

Hoje eu vou falar sobre a gratidão.

Gratidão é um pensamento, uma ideia, que está muito presente nas religiões, na moral. Naquele sentido de dizer que a gente tem de estar agradecido ao mundo, a Deus, por aquilo que a gente vive.

Eu vou para um outro viés. Eu vou exatamente para a palavra que expressa gratidão.

No Espanhol, *gracias*; no Italiano, *grazie*; no Inglês, *thank*.

Vejam que, nas duas latinas (italiana e espanhola), *gratus* quer dizer alguma coisa muito prazerosa que me aconteceu.

Thank, que se parece com *think*: eu estou pensando, eu estou pensando naquilo que o outro me fez de bom, estou alegre com isso

Entretanto, no português, a gente diz *obrigado*. Parece um contrato, não é mesmo? Parece uma obrigação! Subserviência do nosso idioma?

Será que vale a pena pensar nisso?

Tenho de me achar medonho

(08/05/2020)

Olá, pessoal!

Estava conversando com pessoas e, nesta época de pandemia, me vieram com a seguinte questão: "nós, ditos ocidentais, cristãos, somos ressentidos, somos tristes".

Eu estava ouvindo a canção do Gilberto Gil: "se eu quiser falar com Deus, tenho que lamber o chão", "tenho que me ver tristonho", "tenho que me achar medonho", "tenho que comer o pão que o Diabo amassou" e, "apesar de um mal tamanho, alegrar meu coração".

De onde vem tudo isso?

A gente estava conversando, e eu queria compartilhar com vocês. Parece-me que a gente aprende, desde cedo, uma culpa... que a gente carrega para nós e coloca também nos outros.

Será que a culpa é o vetor desse jeito triste e ressentido de ser do ocidental-cristão?

Vamos pensar nisto?

E a solidão? E ruim e pronto?

(09/05/2020)

Olá, pessoal!

Vamos falar, agora, de um filósofo do século 19: Arthur Schopenhauer.

E o Schopenhauer tem uma reflexão interessante para esses tempos de coronavírus, de quarentena. Ele escreve: *assim como o amor à vida não é mais que o medo da morte, o instinto social dos homens não se baseia num amor à sociedade, mas no medo da solidão.*

Gente, nós estamos experimentando um momento em que alguns de nós ficamos sozinhos; outros, cheios de pessoas ao nosso lado – que a gente contesta: se estarão nos fazendo bem ou não.

Essas situações exacerbadas nos permitem refletir: nós amamos, mesmo, a vida em sociedade (e cheia de gente)? E achamos tão ruim assim a solidão?

O que há de verdade nisso, pessoal?

Conhece-te a ti mesmo

(10/05/2020)

Olá!

Vamos voltar hoje para a antiguidade clássica, com Sócrates. Lá no começo da Filosofia.

Sócrates teria visto, escrito no templo de Apolo, em Delfos, a frase "Conhece-te a ti mesmo". Ele incorporou esta frase à sua vida, e saiu discutindo com as pessoas, e tentando encontrar conhecimento a partir daí.

Esta frase já foi psicologizada de muitas formas, mas hoje eu deixo aqui o seguinte recado: conheçamo-nos a nós mesmos! Quem somos nós? De que maneira nós ajudamos a que este mundo seja como é? De que maneira conspiramos para que ele se transforme e seja melhor? O que vai de nós para o mundo, e o que vem do mundo para nós?

Pensemos nisso! Conheçamo-nos a nós mesmos!

Vale a pena!

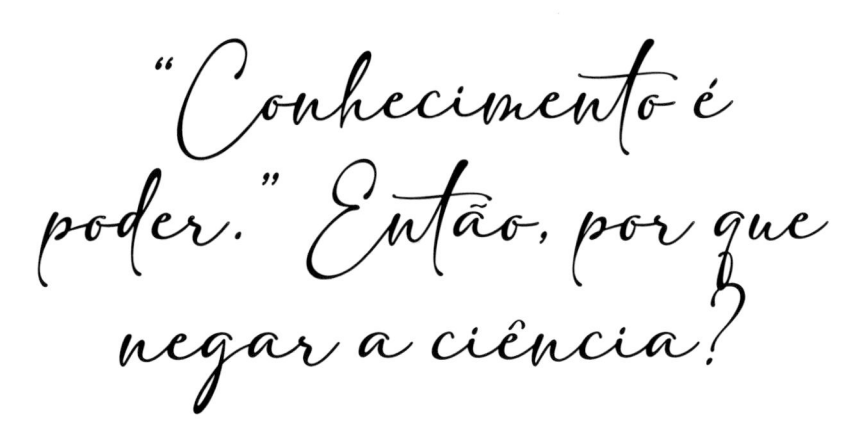

"Conhecimento é poder." Então, por que negar a ciência?

(Que poder poderá estar a serviço dessa negação?)

(11/05/2020)

Olá, pessoal!

Vamos falar sobre *ciência*! Um pouquinho só!

Muita gente tem me perguntado: – *professor, o que você acha dessas pessoas que negam a ciência? Essa gente que vive falando que não devemos tomar vacinas, que a Terra é plana?*

Dizem isso no ano 2020, pessoal! O que pensar sobre isso?

Bem, me ocorre que, no século 17, o inglês Francis Bacon já dizia que "conhecimento é poder". De lá para cá, a ciência, essa investigação rigorosa e minuciosa do mundo, nos trouxe muita coisa boa. Nos trouxe tecnologia, que resolveu grandes problemas da humanidade. Estamos tentando tirar cada vez mais desse conhecimento. Ele tem nos dado um certo poder.

A questão é: por que as pessoas a negam?

Que poder existe por detrás da tentativa de negar a ciência?

Vamos pensar nisso, pessoal?

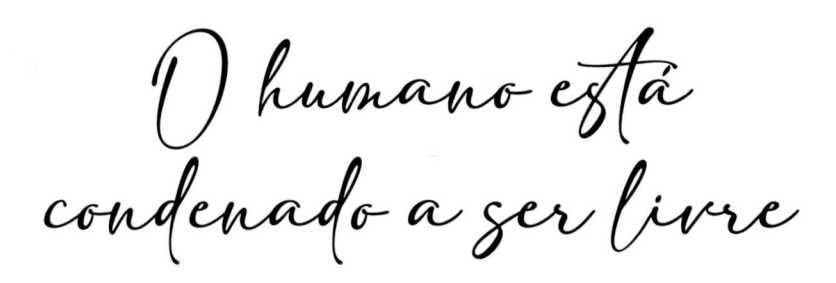

O humano está condenado a ser livre

(12/05/2020)

Oi, gente! Tudo bem?

Algumas pessoas me perguntam sobre aquela famosa frase do escritor e filósofo francês Jean Paul Sartre: "o homem está condenado à liberdade".

– *O que quer dizer isto, professor?*

Na verdade, Sartre faz uma advertência de que, neste mundo, nesta vida (que vivemos), temos apenas uma imposição, uma condenação da qual nós não escapamos nunca, que é a de sermos livres. De escolhermos, nós mesmos, as nossas coisas, os nossos destinos.

Todas as opções que temos são sempre nossas, segundo Sartre. Ele dizia que não adianta dizer que não se teve alternativa: teve, sim!

Nós somos sempre livres! Nunca deixamos de sê-lo!

Veja, neste sítio abaixo, mais coisa sobre Sartre.

https://youtu.be/HzF_s6Ctw7U

Uma vida de prazer

EPICURO - (13/05/2020)

Olá!

Vamos falar, hoje, de um dos maiores filósofos da história da humanidade – pelo menos, na minha visão. Epicuro!

Século III a.C., Grécia, helenismo!

Epicuro vem nos dizer o seguinte: nós temos uma série de razões para vivermos felizes, e uma série de posturas que podemos ter para sermos mais felizes.

Conhecido como o filósofo do prazer, do prazer pelas coisas simples, foi chamado por Hegel (do século 19) de "o primeiro psicólogo da história da humanidade.

E olha a dica que ele nos dá. Ele diz assim: "não devemos nos esquecer de que o futuro não é totalmente nosso, nem totalmente não nosso".

O que quer dizer com isso?

Nós temos protagonismo! Mas, nem tanto!

Vamos ver alguma coisa mais sobre Epicuro no endereço que você está vendo aí abaixo.

Até mais, pessoal!

https://www.youtube.com/watch?v=RL9P0_iL9zg

Conhecer uma pessoa! Hum...

(14/05/2020)

Oi, gente!

Nossa reflexão de hoje vai ser a partir de um texto que me caiu nas mãos logo de manhã, de João Guimarães Rosa. (Olha aí, mais um João.)

E ele fala sobre "conhecer alguém". Ele diz assim: *quem sabe direito o que uma pessoa é? Antes, sendo julgamento, é sempre defeituoso, porque o que a gente julga é o passado.*

Olha aí, pessoal! Nós já sugerimos aqui outras vezes que a vida é uma constante transformação. A gente está sempre mudando, a gente está sempre se transformando.

Então, quando nós queremos conhecer, ou pensamos que conhecemos alguém, estamos julgando efetivamente o que essa pessoa é, ou o que sabemos sobre o passado dela; o que nos interessou saber sobre o passado dela? Ou o que nos satisfez sobre isso?

Pensemos nisso: o que é conhecer alguém?

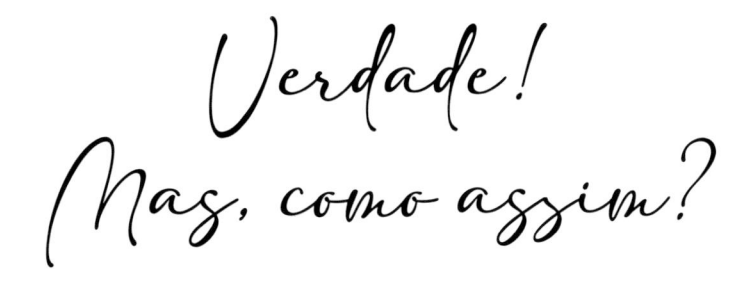

Verdade! Mas, como assim?

(15/05/2020)

Olá, pessoal!

O tema hoje é meio complicado. Vamos iniciar uma discussão aqui sobre **a verdade**! Me pediram pra falar sobre isso.

A verdade que pode ser a correspondência entre aquilo que se fala e o fato que ocorre.

A verdade, entretanto, tem um caráter interessante. Se algo é verdadeiro, é porque representa o **ser** de alguma coisa. Então, a verdade é algo que está aí sempre. Presente! Não tem tempo, não tem lugar... É algo que nunca se transforma.

Entretanto, aqui vai a minha dúvida.

Como falar em verdade – como nós, ocidentais, fazemos há 2 mil anos – num mundo em que as coisas estão sempre se transformando. Nada é o que foi ontem, nada será amanhã o que é hoje.

Então, como podemos falar em **verdade**: aquilo que não muda, aquilo que **é**?

O universo cabe no nosso pensamento

(16/05/2020)

Olá, pessoal!

Meus alunos costumam dizer: – *nossa, professor, a Filosofia é um campo duro do conhecimento! Pensar com todo esse rigor para conseguir entender as coisas às vezes é muito difícil!*

Pois bem, pessoal! Neste momento, vamos fazer um pensamento mais gostoso sobre o humano. E eu vou pedir a ajuda de um filósofo daqueles; Pascal!

Pascal dizia:

> [...] nós humanos somos, sem dúvida nenhuma, os seres mais frágeis do universo. Qualquer coisa pode nos destruir. Porém, com o nosso pensamento, conseguimos abarcar toda essa grandeza, toda essa majestade do universo! Universo que, de tão complexo, cabe aqui dentro do nosso pensamento.

É perigoso, mas é muito bom ser humano!

Vamos lá, pessoal! Vamos pensar!

Nós, andorinhas solitárias

(17/05/2020)

Veja o texto completo: "Nós, andorinhas solitárias". https://www.amatematicaeseus-problemas.com.br/single-post/2019/05/15/ NÓS-ANDORINHAS-SOLITÁRIAS

Olá, meu caro, minha cara!

Você já deve ter ouvido a frase: "uma andorinha só não faz verão".

O que pouca gente sabe é que esta frase é de Aristóteles, e foi escrita a cerca de 2,3 mil anos. E Aristóteles queria conversar com a gente sobre **ética**. Sobre a busca da melhor vida, da vida mais feliz.

E ele diz:

> [...] sozinhos, pensando apenas em nós, não vai dar certo: a gente tem de pensar que somos animais políticos. E temos de pensar que o bem maior é o bem da comunidade, da cidade. E o bem maior se encontra quando a gente trabalha junto, quando a gente faz as coisas pensando no bem de todos, e não de um só.

Será que nós somos andorinhas, será que nós somos seres políticos? Estamos vivendo dessa forma, pessoal?

"Iluminando os homens podemos conduzi-los à liberdade"

(CONDORCET)[3]

(18/05/2020)

Olá, pessoal!

Muitas pessoas têm me pedido para falar sobre esse negacionismo em relação à ciência que nós vemos no nosso país. Até as vacinas são negadas. Elas que já salvaram tantas vidas[4]. O que acontece?

Eu vou lembrar a época chamada **Iluminismo**, no século 18, quando as pessoas pensaram que o desconhecimento do mundo poderia ser a grande causa do nosso sofrimento. E, então, pensou-se que o conhecimento humano e a razão poderiam nos dar coisas melhores. Todo dogmatismo, todo fanatismo, toda superstição foram combatidos.

E, hoje, nós estamos vendo uma negação desse conhecimento.

O que acontece, pessoal?

Não estaria muito próximo – tudo isso – de uma forma autoritária de se ver o mundo, onde se impõe as coisas e não se usa o pensamento racional para testá-las?

---

[3] Marie Jean Antoine Nicolas de Caritat, Marquês de Condorcet foi um filósofo e matemático francês do século 18.

[4] Neste ano de pandemia, o Brasil teve de enfrentar, do governo e de setores ultraconservadores da sociedade, um negacionismo muito grande. Tal fato, inclusive, custou a vida de milhares de pessoas.

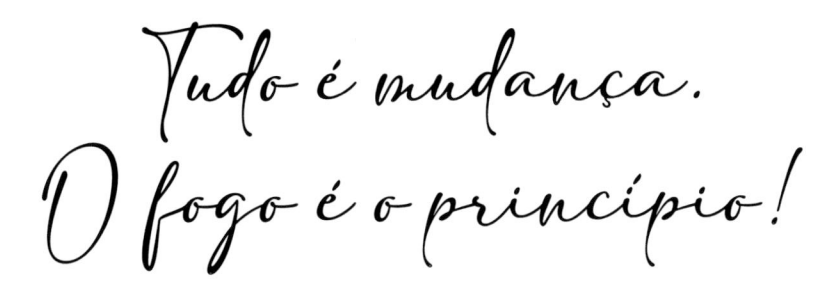

Tudo é mudança. O fogo é o princípio!

(19/05/2020)

Olá!

Neste espaço, nós já falamos, outro dia, de uma figura da antiguidade grega, num chamado **pré-socrático** – eu estou falando de 500, 600 anos a.C. – chamado **Heráclito.**

Heráclito dizia que, no mundo, a única coisa certa é a transformação.

Ele usa o fogo como sendo o principal símbolo de tudo aquilo que acontece no mundo. Porque o fogo consome, o fogo transforma, o fogo modifica tudo que acontece.

E nós podemos trazer um pouquinho do pensamento de Heráclito para hoje. As coisas que pareciam andar de um jeito se transformaram. E a gente pode esperar que grandes transformações ainda venham a acontecer.

Afinal, tudo é mudança... segundo Heráclito.

Só o conhecimento pode nos libertar de fato

(20/05/2020)

Olá, pessoal!

Tem me incomodado, ultimamente, ver sempre o nome de **Deus** ser usado para explicações sobre a política, a ciência e situações em que nós precisamos pensar, seguir caminhos corretos... E, aí, as pessoas explicam tudo em nome de Deus. Principalmente governantes.

Eu lembro, aqui, Galileu, do século 17.

Ele dizia que, para a gente investigar a natureza, é preciso contar com o rigor matemático e experimental – para entendermos o seu funcionamento, suas leis – e conseguir dela retirar o melhor.

Eu lembro que muitas coisas foram feitas pela ciência e pela tecnologia, desde Galileu.

Não será algo meio absurdo, hoje, revertermos isso e voltarmos atrás, pessoal?

——————————————— —————————— —————————

Observação de um leitor:

Tenho a impressão de que precisamos culpar uma entidade mística como causa de nossos problemas, assim podemos continuar na nossa zona de conforto sem culpa.

Resposta

Ou explicar aquilo que desejamos fazer, e não seria legal, como vontade ou obra de Deus.

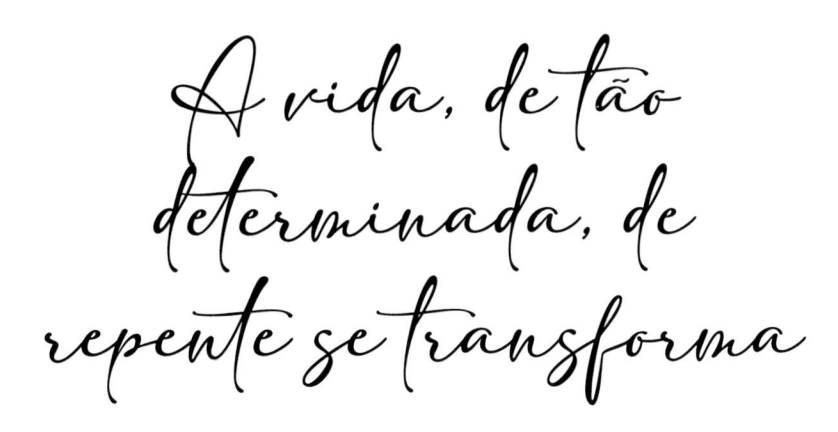

A vida, de tão determinada, de repente se transforma

(21/05/2020)

Olá, pessoal!

Estava aqui pensando numa canção de Kleiton e Kledir que diz: "o oxigênio que invade o nariz e faz a gente ser feliz".

Pois é, pessoal, do nada, de repente, o oxigênio – o ar que a gente respira, melhor dizendo – se tornou um risco[5].

E a vida é assim: de repente aquilo que parece estar indo maravilhosamente bem sofre alterações.

E me vem à mente o velho sábio da Antiguidade, **Epicuro**, que dizia que os átomos, na sua trajetória para formar tudo que existe no universo, de repente sofrem desvios – inesperados, aleatórios, radicais – que fazem com que as coisas se transformem.

Um ensinamento para nós, pessoal!

As coisas não são determinadas. Elas mudam, inesperadamente!

E, também, por que não, nós podemos escolher as coisas de maneiras também bem diferentes.

Ouça a canção: https://youtu.be/ccqPao-y34M.

---

[5] A referência, aqui, é sobre o momento trágico da pandemia que se vivia nesses dias.

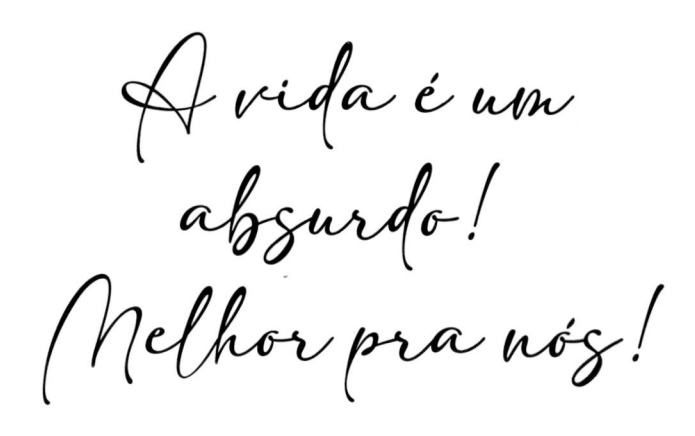

A vida é um absurdo! Melhor pra nós!

(22/05/2020)

Olá, pessoal!

Hoje, nossa reflexão será a partir de um pensamento de Albert Camus, escritor argelino do século XX, filósofo, romancista e ganhador do prêmio Nobel de Literatura no ano de 1957.

E ele diz o seguinte: *antes, a questão era descobrir se a vida precisaria de ter algum significado para ser vivida. Agora, ao contrário, ficou evidente que ela será vivida melhor se não tiver significado algum.*

Muita gente quer saber o que ele estará querendo dizer com isto?

Ora, Camus pensava que a nossa vida é um grande absurdo. Sofremos, lutamos, temos esperança... para, morrermos ao final. Nós perdemos sempre. Então, a vida não tem mesmo nenhum significado.

Porém, sendo assim, nós podemos criar, do nosso jeito, um sentido para ela.

Nós podemos escolher o que seremos – dentro desse absurdo.

Já pensaram nisso?

Tudo tem uma causa.

As coisas acontecem como só poderiam acontecer.
Não existe o acaso

(ESPINOSA)

(23/05/2020)

Olá!

Uma pessoa me pediu para falar sobre o **inesperado**. Por que acontecem coisas na nossa vida que a gente jamais esperava? Vêm de surpresa!

Eu penso no filósofo Baruch Espinosa, o qual dizia: *não, na natureza todas as coisas que acontecem possuem causas, e há um encadeamento dessas causas que faz com que nada no mundo seja contingente.*

Se pudéssemos saber todas as variáveis envolvidas nos acontecimentos, nada nos seria surpreendente. O problema é que não sabemos.

Nós não sabemos de tudo!

Então, as coisas nos parecem surpresa.

Aqui vai um pensamento, uma reflexão: o inesperado é inversamente proporcional ao conhecimento que possamos ter sobre alguma coisa. Então, podemos concluir que, para vivermos melhor para não sermos sempre pegos de surpresa, temos de aprender o máximo que pudermos. Temos que estudar!

Temos que investigar!

O que é o amor, afinal? Hoje... sempre... difícil, não?

(24/05/2020)

Olá, pessoal!

Ontem, me deram uma tarefa um tanto quanto difícil. Pediram que eu falasse sobre o *amor*. Aqui, nos tempos de *coronavírus*.

Eu lembro que o amor sempre foi algo controverso. Platão, no seu *Banquete*[6], tenta discutir sobre o amor e não vai muito longe, não!

O que seria o amor (que a gente sente), pessoal?

Hoje, na época de Covid 19, e sempre.

O amor é aquilo que nos faz falta; que gera uma lacuna que a gente quer preencher? O amor são momentos de felicidade, instantes absolutamente prazerosos? O amor permanece? O amor se transforma? Dizem que o amor, nos nossos tempos, é "líquido"[7].

Pensar sobre o amor é bem difícil. Mas é um tema sobre o qual a gente não só deve, mas é bom refletir.

---

[6] Aqui, a referência é sobre o livro *O Banquete*, de Platão. Trata-se de um simpósio onde Sócrates e outros cidadãos gregos discutem sobre o *amor*. Várias argumentações, narrativas e tentativas de se chegar à essência desse sentimento tão presente em nossas vidas.

[7] Aqui, trata-se de uma ideia presente no pensamento de Zygmunt Bauman, que via uma liquidez (ou impossibilidade do não-fluir) naquilo que caracteriza nosso mundo. Bauman tem, inclusive, um livro chamado *Liquid Love* (*Amor Líquido*).

O que é a amizade?

(25/05/2020)

Olá, pessoal!

Falemos, hoje, sobre *amizade*.

Eu fui consultar o mestre Aristóteles[8], que diz haver três tipos de amizade: por interesse, por prazer e a verdadeira amizade.

A amizade por interesse é aquela que temos pelas pessoas porque fazemos coisas juntos, e essas pessoas fazem coisas que nos interessam; elas nos ajudam. A amizade por prazer: aquelas pessoas com quem convivemos em festas, por exemplo, e nos dão muito prazer e alegria. E a verdadeira amizade, que é aquela em que sentimos o sofrimento que a outra pessoa sente, que nos alegramos quando estão alegres; nossa amizade é "verdadeira" porque estamos sempre nos colocando no lugar da outra pessoa.

E aí, pessoal? Que tipo de amizade nós temos? Quem são nossos amigos?

---

[8] Em seu livro *Ética a Nicômaco*, Aristóteles aborda o tema amizade, colocando esses três tipos: por interesse, por prazer ou por virtude. Esse terceiro tipo pode ser dito "a verdadeira amizade".

Vírus ideológico – e nova solidariedade

(26/05/2020)

Olá, pessoal!

Eu vou seguir uma sugestão, e falarei, hoje, sobre um novo livro do esloveno Zizek, o qual se chama *Vírus*. Fala do vírus da Covid 19, mas também sobre outro que ele considera bem mais letal: o "vírus ideológico". Os sintomas são: muito preconceito, racismo, fake-news.

E isso tem se agravado cada vez mais. Só que ele está falando também, pessoal, sobre uma nova solidariedade que surge.

Trancados em casa, solitários, longe do mundo, queremos, na nossa individualidade, apenas sobreviver. A vida é o valor maior. E todos nós, solitários, queremos sobreviver.

Então, nesse pensamento da sobrevivência, acabamos tendo tal desejo para todos os outros que estão distantes de nós. Solidariedade! Estamos todos pensando na sobrevivência *de todos*!

Já pensaram nisso?

Quem somos nós?

A escola nos ajuda a aprendermos sobre isso?

(27/05/2020)

Olá, gente!

Hoje, eu vou falar com vocês sobre um tema que tenho tratado muito com meus alunos – sou educador, professor. E nós temos conversado muito sobre a educação básica – o ensino fundamental e o ensino médio.

A pergunta é a seguinte: nós, que aprendemos tantos conceitos, conteúdos – de matemática, linguagens, história etc. Nós estamos aprendendo a entender (através dos ensinamentos da escola) quem somos nós... como pessoas?

Nós estamos aprendendo sobre o que nós somos neste mundo, o que nós representamos aqui?

Quem somos nós e quem somos nós no mundo? Aprendemos isto na escola, pessoal?

A "vida autêntica"! É a nossa vida?

(28/05/2020)

Olá, pessoal!

Pandemia... quarentena...

Tempo para ficarmos sozinhos, pensar um pouco...

Pensar um pouco em nós, na nossa vida. E eu vou lembrar, um pouquinho, de um pequeno conceito do filósofo existencialista do século XX, Marin Heidegger, que falava em algo que denominou "vida autêntica". O que seria essa "vida autêntica" para Heidegger?

Vida autêntica é aquela em que nós vivemos segundo nosso próprio plano, segundo a nossa própria disposição, o nosso querer. "Vida autêntica" tem aquele que ouve o apelo do futuro, que não segue as massas, que tenta encontrar o seu próprio jeito de viver... a sua vida... e faz do seu tempo no mundo algo efetivamente valioso.

Vilém Flusser

"Bodenloss – Uma autobiografia filosófica"
(29/05/2020)

Olá, pessoal!

Todos nós queremos ter uma vida mais tranquila, mais serena, mais equilibrada. E eu venho aqui hoje lembrar de um filósofo nascido em Praga, no ano de 1920, que veio ao Brasil fugindo do Nazismo em 1939. Trata-se de Vilém Flusser, que escreveu coisas muito interessantes. Entre elas está um livro chamado *Bodenloss*.

Esta palavra, do alemão, se traduzida ao pé da letra, significa: sem fundamento, sem chão, sem raízes. E aqui vai uma questão, uma reflexão que pode ser interessante.

Nós todos vivemos amparados por crenças, por tradições, por verdades, que tentam sustentar nossas vidas, mas que esbarram nesse absurdo da existência. Esse absurdo que nos condena à morte, no final. Aqui vai a reflexão.

Não seria mais interessante nós mesmos nos vermos sem chão e criarmos nossas próprias raízes?

"O inferno são os outros"

(SARTRE!)

De que inferno estamos falando?

(30/05/2020)

Olá, pessoal!

Em tempos de pandemia, de convivência forçada com as pessoas, vamos nos lembrar da frase de Sartre: *o inferno são os outros.*

Esta frase foi dita por um personagem da peça *Entre quaro paredes*, de Sartre, na qual pessoas foram condenadas a ficar vivendo, umas com as outras, entre quatro paredes, e a convivência foi muito difícil. Isto nos remete a algumas reflexões.

O que significa dizer-se que "o inferno são os outros", pessoal?

Na verdade, é difícil a convivência com o outro. A gente esbarra em grandes problemas e contradições. Porém, o outro é aquele que nos ajuda, na vida, a, por exemplo, formarmos nossa identidade, encontrarmos quem somos. E nós nos vemos, também, no outro, pessoal.

O inferno são os outros: que tipo de inferno é este, pessoal?

Somos angústia

(31/05/2020)

Neste espaço já falamos sobre Heidegger, Sartre, Camus e sempre nos remetemos ao existencialismo do século XX.

Pois eu fui buscar alguém no século 19 que já pensou isso antes deles, e encontrei o dinamarquês Sorén Kierkegaard.

Primeira metade do século 19, contrariando uma tendência no seu tempo, que pensava em sociedade, espírito do mundo, ele vem falar no indivíduo. E vem nos propor que nós somos, fundamentalmente, *angústia*.

Sim: *angústia*! Não sabemos se a nossa escolha vai ser feliz ou não, se dará certo ou não. E essa escolha está associada a um possível erro ou um acerto. É a nossa angústia, a qual está por detrás de tudo! Tudo o que sabemos e fazemos vem desse sentimento. Essa angústia que nos concede a certeza da liberdade.

Essa nossa liberdade de escolhermos o nosso mundo!

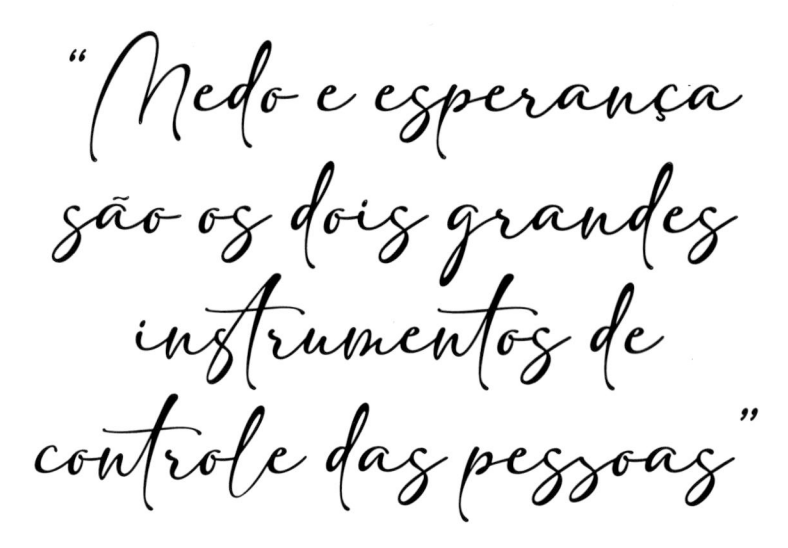

"Medo e esperança são os dois grandes instrumentos de controle das pessoas"

(ROUSSEAU)

(01/06/2020)

Olá, pessoal!

Hoje vamos falar sobre um tema político.

Foi-me recomendada a frase de Jean-Jacques Rousseau, iluminista do século 18: *o medo e a esperança são os dois principais instrumentos de controle das pessoas.* O que ele quer dizer com isso, pessoal?

Nós sabemos que, no jogo político, o poder faz de tudo para se consolidar e se manter. E as pessoas esperam o tempo todo por coisas melhores, por situações favoráveis. E temem também por aquilo que lhes desagrade, que lhes seja trágico.

Então, Rousseau está dizendo que talvez o poder político use esses sentimentos das pessoas.

Já pensamos nisso, pessoal?

O quanto de medo e de esperança temos no momento em que damos o nosso voto numa eleição.

"Somos o escultor e o mármore"

(Erich Fromm)

(02/06/2020)

Oi!

Eu tenho aqui um trecho do filósofo, psicanalista e sociólogo alemão do começo do século XX, Erich Fromm.

É assim: *na arte de viver, o homem é, ao mesmo tempo, o artista e o objeto de sua arte. É o escultor e o mármore. O médico e o paciente.*

O que ele está querendo dizer com isso, pessoal?

Na nossa vida, a gente realiza uma série de coisas: nós falamos, nós criamos, nós trabalhamos, nós produzimos. Mas, o tempo todo, estamos tendo de fazer isto: prestar atenção em nós mesmos.

O que é que fazemos de nós? Como construímos esse ser que atua no mundo – que somos nós? Qual é a parcela que dedicamos a nós?

A democracia e o resgate de nossa liberdade

(03/06/2020)

Olá, gente!

Vamos falar novamente sobre Jean-Jacques Rousseau, autor que, no século 18, afirmou: *em estado de natureza, o homem vivia livremente, sem nenhum problema; até que, num belo dia, alguém demarcou um terreno e falou: "isto é meu"; e instituiu a primeira propriedade privada.*

Segundo Rousseau, aí começa a sociedade civil e toda desigualdade entre as pessoas.

Rousseau pensou a democracia pensou o processo de participação das pessoas no *Estado democrático*. E acreditava que esse Estado democrático poderia restituir a liberdade perdida.

E eu pergunto: a nossa democracia, não é participativa, é certo; mas a quantas anda esse sonho de Rousseau de resgatar a nossa liberdade perdida?

Empédocles e os quatro elementos

(04/06/2020)

Oi, gente!

Conversando com pessoas, veio aquela ideia: as coisas que a gente sabe hoje têm muito tempo de construção. São pensadas há muitos séculos.

Me veio à cabeça o nome de um pré-socrático, de 500 anos a.C.: Empédocles de Agrigento. Foi aquele sujeito, pessoal, que pela primeira vez, sintetizando um conhecimento da sua época, propôs que tudo no mundo seria composto por *Terra*, *Água*, *Fogo* e *Ar*. Os chamados "quatro elementos".

E foi além disso. Disse que tudo o que existe no universo vem da justaposição, de maneiras diferentes, desses elementos: ora mais de um, ora menos de outro, e assim as coisas vão se constituindo; e vão mudando e determinando tudo o que existe no universo.

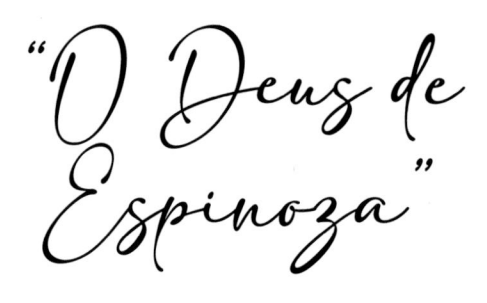

"O Deus de Espinoza"

(05/06/2020)

Oi, gente!

Certa feita perguntaram a Albert Einstein se ele acreditava em Deus.

Ele disse que acreditava no "deus de Espinosa". E, de lá para cá, muita gente vê uma certa religiosidade em Einstein.

Porém, na verdade, o deus de Baruch Espinosa, pensador do século 17, é bem diferente disto: não é esse deus transcendente, que fica lá de fora, observando e medindo a nossa vida.

Não! Espinosa dizia que Deus é a *substância*, o *universo*, a *natureza, tudo que existe*. É a única maneira de ser onipotente, onipresente, infinito.

E Einstein completou sua frase: *eu me interesso por aquele deus que se revela na natureza das coisas, e não esse que fica preocupado com as ações dos homens.*

O deus de Espinosa é o *tudo*, é o *sempre*.

A Navalha de Occam

(06/06/2020)

Olá!

Falemos hoje sobre Navalha de Occam. Mas o que é isso?

Bem, é um princípio filosófico que foi desenvolvido inicialmente por Aristóteles, mas foi muito usado no século 14 por um frei franciscano – filósofo – chamado Guilherme de Occam. Em que consiste?

É o seguinte: se você tiver mais de uma possibilidade de explicar algum fenômeno, *a mais correta é a mais simples*.

Não é um simplismo! É o seguinte: se tivermos variáveis, entidades necessárias e presentes que dão conta de explicar aquilo, isto é o mais importante, isto é o mais imediato.

Não devemos criar entidades postiças, fantásticas, que não estejam presentes.

Por que "navalha"?

Porque vamos cortar aquilo que não for necessário e simples.

Optemos pela explicação mais simples.

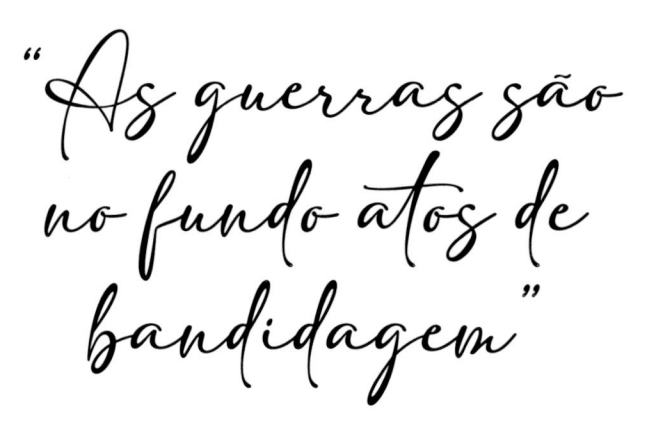

"As guerras são no fundo atos de bandidagem"

(Schopenhauer)

(07/06/2020)

Olá!

Falemos, aqui, mais uma vez, sobre Arthur Schopenhauer.

Schopenhauer tem um texto chamado _Aforismos para sabedoria da vida_, e lá ele tem esta frase: _não serão, no fundo, todas as guerras atos de bandidagem_?

Atos de bandidagem, pessoal! Invasão, violência, saques. Uns se batendo contra os outros. Aquilo que a gente tanto teme num gesto de bandidagem.

E as guerras, no entanto, definem a geopolítica do mundo. Olhamos para o mundo e vemos as guerras definindo tudo aquilo.

Será que o ser humano necessita das guerras?

Será que são necessários atos de bandidagem para que a gente se defina como raça humana, como civilização?

"O que não me mata me fortalece"

(NIETZSCHE)

(08/06/2020)

E aqui vamos de Nietzsche!

Livro: *Crepúsculo dos ídolos*! Aforismo *8*: "Da escola de guerra da vida".

Uma frase que muitos de nós já conhecemos de outros contextos.

"O que não me mata me fortalece".

Aqui, nosso "filósofo das marteladas" vem nos dar um empurrão, vem nos dar boas notícias.

Nesta nossa vida cheia de problemas, de obstáculos e ameaças, nós devemos *viver*, porque tudo aquilo que deixamos pelo caminho e não nos arrasou nos encheu de força para que possamos viver melhor. Para que possamos vencer obstáculos ainda maiores.

E sem medo, não é mesmo? Porque estamos neste mundo para viver, e viver é vencer obstáculos.

Então, vamos à vida, pessoal!

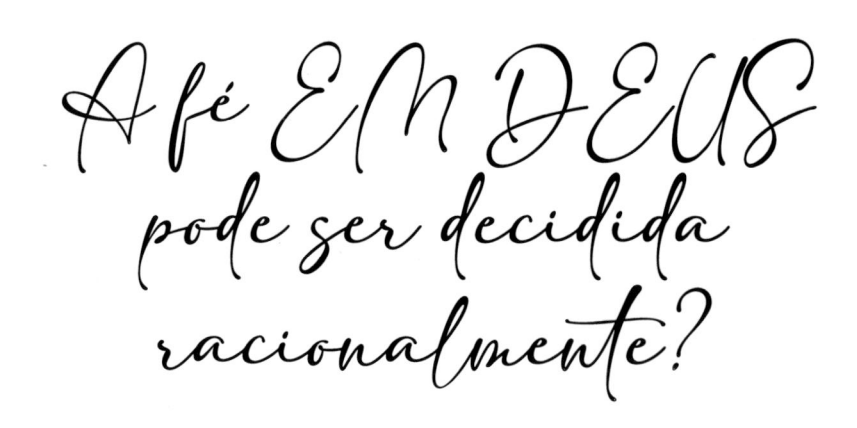

A fé EM DEUS pode ser decidida racionalmente?

Pascal aposta que sim.

(09/06/2020)

Olá!

Vamos falar hoje sobre fé!

E vou chamar Pascal para nos ajudar.

Pascal, um filósofo racionalista do século 17, fez uma aposta.

Ele disse que: você pode acreditar em Deus e Ele existir ou não; ou não acreditar, e Ele existir ou não existir.

Bem, se você acreditar e Ele existir, tudo bem: você se deu bem na vida.

Se não acreditar e Ele não existir, tudo bem: a vida foi vivida normalmente.

O problema é que, se Ele existir e você não acreditar, perderá a "vida eterna". Se você acreditar e Ele não existir, perderá a vida temporal.

E ele [Pascal] fala: *eu prefiro sacrificar minha vida de 100, 80 anos, do que sacrificar a eternidade.*

E conclui, matematicamente, que é bom ter fé.

Mas a fé pode ser calculada racionalmente, pessoal?

Dor!

HOJE, O SENTIMENTO É DE DOR.
MAS QUAL DOR?
(10/06/2020)

Ontem, eu estava conversando com alguém sobre a nossa situação de *pandemia*, de *quarentena*, e essa pessoa me disse: – *que dor*!

E eu fiquei pensando: que dor seria essa?

Dor é um incômodo causado por uma excitação nervosa em algum ponto do nosso corpo. Dor vem do latim, de *dolor* ou *doloris*, que significam, entre outras coisas, raiva, pesar.

Nós estamos sentindo dor, neste momento, pelo que está acontecendo. Por quê, pessoal?

Pela morte, pela destruição? Por vermos que nosso país não tomou as mesmas providências que outros países, e o estrago está sendo grandioso? De onde vem essa dor?

A dor de não sabermos como será o nosso futuro? Como estaremos daqui a algum tempo?

Que dor é essa?

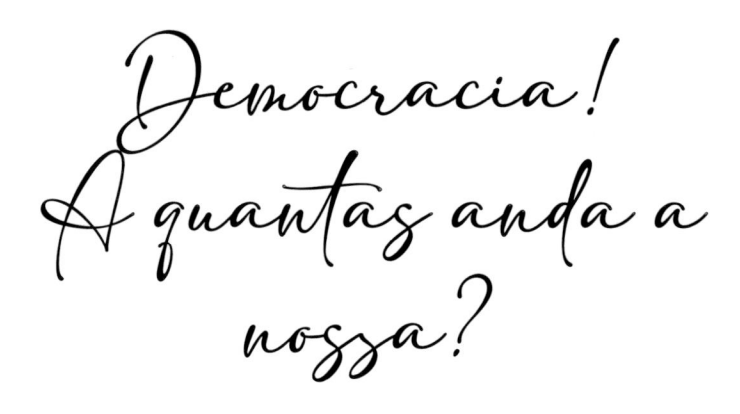

Democracia! A quantas anda a nossa?

(11/06/2020)

Olá, pessoal!

Me pediram para falar sobre *democracia*. – *João, a nossa democracia não anda nada bem.*

Bem, para falar sobre democracia com cuidado, temos de voltar a Atenas (2,4 mil anos atrás), e temos que falar sobre todo esse desenvolvimento do que chamamos hoje de "democracia moderna".

O que talvez importe falar no momento seja que a nossa democracia, ou a democracia em si, não se constitui apenas em *votar a cada quatro anos*, escolhendo nossos representantes.

Democracia significa direitos, pessoal! Direitos, o ano todo, o tempo todo, para o cidadão. Qualquer cidadão!

Democracia se apoia em três poderes que devem ser independentes.

O geógrafo Milton Santos dizia que não há democracia aqui no Brasil porque "os pobres não têm direitos e os ricos querem privilégios".

Será isto, pessoal?

Filosofia!

ISTO SERVE PARA ALGUMA COISA?

(12/06/2020)

Olá!

Vamos falar na importância da *filosofia*!

Certa feita, alguém me disse: – *pare de filosofar e vamos falar sério!*

A filosofia não serve para nada?

E eu lembro aqui de Sócrates, aquele sujeito que andava pelas ruas de Atenas, começando a filosofar e perguntando às pessoas, fundamentalmente: – *por que é que vocês vivem do jeito que vivem? Por que é que fazem as escolhas que vocês fazem? Vivem dizendo que 'alguém é belo'. Já pararam para pensar no que seja a beleza?*

Ah! Essa pessoa "é do *bem*"! "Já pararam para pensar no que seria o *bem*"? "O que é a coragem, o que é o amor"?

O que são essas coisas todas que valorizamos?

Será que a filosofia não serviria, pelo menos, para nos mostrar que *vivemos uma vida sem pensar nela*? Vivemos escolhas e não pensamos em por que as fazemos?

A escravidão e o racismo

... foram componentes essenciais na nossa formação nacional.

(13/06/2020)

Ontem, conversando sobre *escravidão, racismo, violência,* veio aquela ideia de "quem somos nós"?

Quem somos nós, brasileiros?

Muita gente que, no passado, matou... ou traficou, escravizou índios e negros, tem monumentos, estátuas em sua homenagem, pelas cidades, pelo país.

E, aí, a gente fica pensando: essas pessoas acabaram sendo importantes na sua época, como benfeitores nas suas cidades. Essas pessoas passaram a fazer parte daquilo que a sociedade qualifica como *bom.*

E nós, sem percebermos, fomos trazendo essa ideia racista e violenta para com o diferente.

Até que ponto a nossa sociedade, e até que ponto nós (cada um de nós), herdamos um pouco de tudo isso, hem?

Pandemia.

GUERRA CONTRA NÓS MESMOS?
(14/06/2020)

Olá, pessoal!

A nossa conversa de hoje vai se encaminhar para um tema tratado numa *live* da qual eu participei ontem. E você poderá encontrar o link para assisti-la, abaixo. [9]

Ontem, a gente falava sobre a *pandemia*, sobre o que nós estamos vivendo, e houve a comparação com uma *guerra*.

Numa guerra, estamos sempre nos defendendo de possíveis ataques de um inimigo conhecido, externo. E nos tornamos cúmplices[10] nessa tarefa de nos defendermos e defendermos quem está ao nosso lado. Entretanto, há uma contradição.

Ao contrário de uma guerra contra um agressor externo, nós estamos portando, dentro de nós, as possíveis armas que nos haverão de destruir.

E nós, com nossos parceiros, para tentarmos fugir a essa agressão, também carregando dentro de nós essa arma letal? Como fica nosso conceito de alteridade?

Quem somos nós nessa história?

---

[9] https://www.youtube.com/watch?v=rXQ93P1TVXI&t=4461s.

[10] Aqui, talvez a melhor palavra fosse parceiros, mas foi dito *cúmplices*, e decidi deixá-la assim mesmo.

Como será quando as coisas voltarem ao "normal"?

(15/06/2020)

Olá!

Nós estávamos conversando outro dia, e o assunto foi: o que acontecerá depois desta pandemia?

Como viveremos? Será que nós escaparemos disso? Será que as coisas voltarão ao normal?

E, pensando nisso: pensando em quando as coisas voltarem ao que é normal, será que pensaremos das mesmas formas que pensamos hoje?

Como será nossa relação com as pessoas? Como será nossa relação com o amor?

A questão política: pensaremos no papel do Estado da mesma forma?

Teremos coragem, quando tudo se normalizar, para nos relacionarmos e convivermos com as pessoas?

Como será quando as coisas voltarem ao normal?

O que será esse *normal*?

Ciências antiga e moderna. Quais as diferenças?

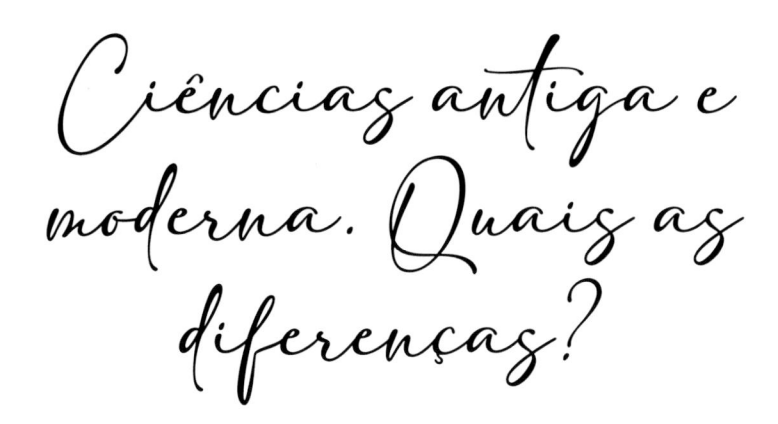

Dá pra falar em 1 minuto?

(16/06/2020)

Olá, pessoal!

Qual a diferença entre o conhecimento *antigo* e o conhecimento *moderno* – as ciências *antiga* e *moderna*?

Vamos lá, então! *Ciência Antiga* – Antiguidade e Idade Média. Pressuposto: o mundo é organizado, é *cósmico*! O mestre: Aristóteles! Para conhecermos o mundo, para conhecermos as leis, basta que observemos. Basta que tenhamos a experiência diária sobre como este universo funciona para entendermos suas leis.

Na *Ciência Moderna*, o pressuposto é diferente. O mundo é caótico, nada organizado. E o mestre: Descartes! O que fazer, então? Valorizar o *sujeito*! Aquele que observa. Este, sim, irá organizar o mundo em sua mente. Vai fazê-lo matematicamente. Vai fazê-lo experimentalmente. Aparecerão os *experimentos*. E o sujeito vai delinear e conhecer as leis que governam o universo.

A ciência antiga é passiva! A ciência moderna é ativa! Surge a ideia de *progresso*. Mas é um outro papo.

Violência! Quando ela começa?

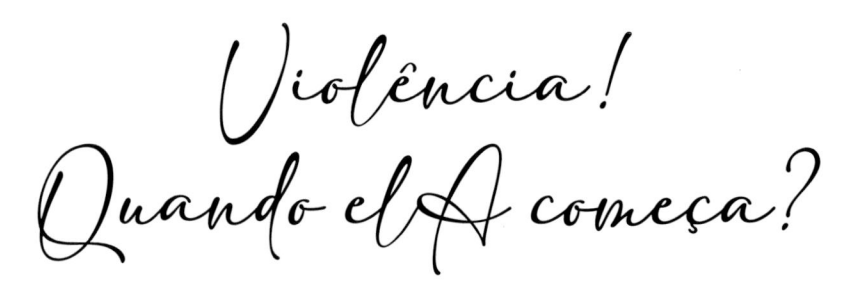

(17/06/2020)

Olá, pessoal!

Falemos hoje sobre a palavra *violência*.

O que é violência? No latim, violência vem de *violentia*, que significa abuso da força.

Já no grego, é chamada *hibris*, que significa uma certa profanação da natureza.

O que seria, para nós, hoje, violência? De onde ela vem?

Violência, agressão, estupro... a morte, a fome, a desigualdade, o preconceito extremo...

Mas quando começa?

Quando começam esses atos que acabam no crime, no assassinato... na extrema violência?

Não começariam quando nós, percebendo que a natureza possa estar sendo profanada e as coisas começam a acontecer de uma forma injusta, permitimos que isso aconteça?

"Paz sem voz não é paz, é medo"

(O Rappa)

(18/06/2020)

Olá, pessoal!

Eu trago para nós, hoje, para nossa reflexão, uma palavra. Tal palavra me foi dirigida ontem: alguém me desejou *paz*!

E o que vem a ser paz?

Essa palavra, que vem do latim, *pax*, e significa inicialmente *ausência de conflitos, de violência* – entre pessoas, entre nações.

Paz nos dá a ideia de silêncio, de tranquilidade. Mas daí é que vem a minha questão: quantas vezes vivemos em silêncio porque somos obrigados? Quantas vezes o silêncio não representa a falta de voz – para darmos as nossas opiniões?

O Rappa[11] tem uma canção que diz: "paz sem voz não é paz, é medo".

Quantas vezes, para mantermos a *paz*, a tranquilidade, somos obrigados a viver tristes... a viver oprimidos?

---

[11]   O Rappa: banda de rock brasileira. Início em 1993 no Rio de Janeiro; finalizou suas atividades em 2018. Conhecida por letras com críticas sociais.

"Servidão Voluntária".

A verdade é que nOs deixamos dominar por poucos.

Por que isso?

(19/06/2020)

Olá!

Falemos hoje sobre "servidão voluntária".

O quê? Isso parece meio absurdo.

Porém, foi dito por um francês, Étienne de La Boétie, quase 500 anos atrás.

Ele se indignou com a situação política de sua época e passou a pensar nos porquês de tantas pessoas – de uma cidade e de um país inteiro – se deixando comandar por uns poucos (em atitudes tirânicas). Como é possível?

Se a massa desobedecesse simplesmente; se a massa não aceitasse essa tirania, ela não aconteceria.

Por que, pergunta La Boétie?

Nós temos uma certa propensão em nos deixarmos dominar por poucos; por poucos tiranos.

Pensemos nisso, pessoal! Nós decidimos (mesmo) nossas vidas? Ou preferimos delegá-las a outras pessoas?

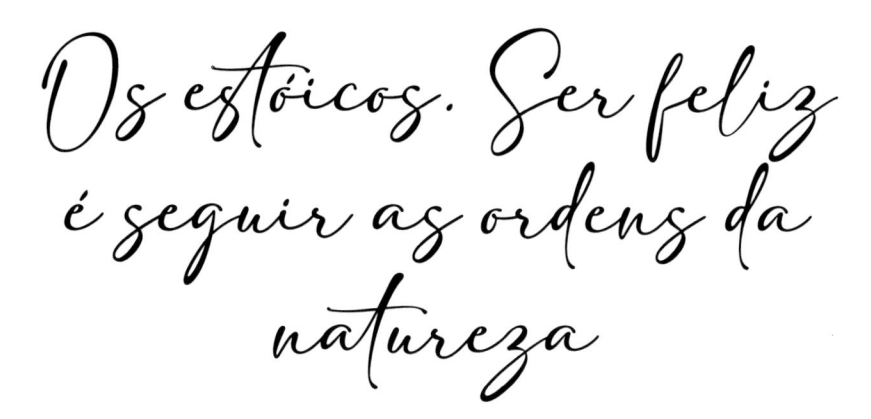

Os estóicos. Ser feliz é seguir as ordens da natureza

(20/06/2020)

Olá, pessoal!

Falemos hoje sobre *Estoicismo*, um movimento filosófico helenista; na fase decadente da Grécia, século III a.C..

Esse movimento foi criado por Zenão de Cítio, o qual costumava ensinar sob os pórticos de Atenas – pórtico, em grego era *stoá*.

O que diziam os estoicos, pessoal?

Diziam que a natureza – o *logos*, aquilo que faz o mundo ser cósmico, a inteligência universal – deveria ser seguida à risca. Somos felizes porque e se obedecermos às leis da natureza.

Os estoicos tiveram representantes bastante importantes, como Sêneca, Epicteto e Marco Aurélio.

Epicteto, que talvez seja um dos maiores representantes do Estoicismo, nos deixa uma frase interessante: *se o logos – a inteligência cósmica – quer que eu tenha febre, então devo ter febre para ser feliz.*

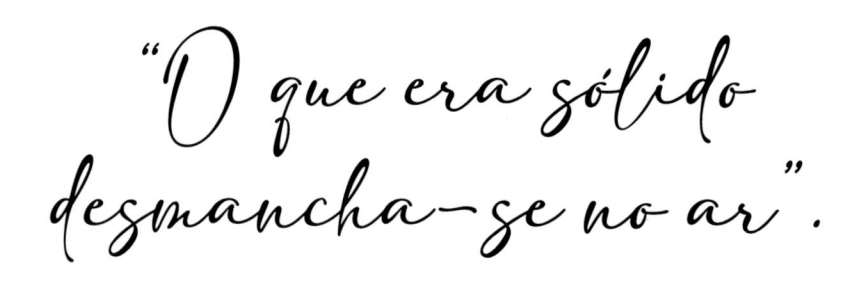

"O que era sólido desmancha-se no ar".

O que vem por aí?

(21/06/2020)

Olá!

No século 19, Marx e Engels escreveram que "tudo o que é sólido desmancha-se no ar"; "tudo que é sagrado é profanado", e as pessoas passam a encarar sua condição social e as relações.

Ora, o que eles queriam dizer com isso?

O poder transformador da história.

Sem que percebamos, estamos transformando e nos transformando pela história.

E, hoje, com essa pandemia, podemos prestar atenção que muito daquilo que vivíamos passa a ser questionado. Passamos a olhar para a nossa vida de uma forma diferente.

E o que virá depois de tudo isso, pessoal?

A mesma coisa? Ou o "sólido" que vivemos hoje se desfará completamente?

Nós somos história! Nós fazemos história! E o que estaremos construindo?

Pensemos nisso, pois nossa vida vai mudar, pessoal!

Sorte. O que é isso?

(22/06/2020)

Olá, pessoal!

Falemos hoje da *sorte* – a *fortuna*!

Mas não dessa sorte que, misticamente, atribuímos a alguém que só se dá bem, contra outros que só se dão mal.

Pensemos na sorte de maneira imanente. Pensemos com Aristóteles.

Aristóteles distinguia *sorte* de *acaso*. Para ele, acaso vem das coisas inanimadas, até mesmo de animais ou de crianças.

Para ele, *sorte* é para pessoas *livres*. É o "acaso" que pode ser favorável ou não para pessoas livres; aquelas que empreendem.

Então, se vou fazer alguma coisa com competência, também tenho de contar com o acaso favorável. Aquilo que poderá fazer com que o meu empreendimento dê certo.

Sorte, pessoal: aquilo que nos acompanha o tempo todo, aquilo que sempre esperamos. Aquilo com que nem sempre podemos contar.

É isso aí!

Sorte, pessoal!

Nossa! O que é metafísica?

(23/06/2020)

Olá, pessoal!

Tema complicado hoje. Pediram para eu falar sobre *metafísica*. Será que dá, em menos de um minuto?

Apesar de os primeiros filósofos pensarem sempre no princípio das coisas, foi Aristóteles quem primeiro se preocupou com isso. Ele chamava de "filosofia primeira". O que vem a ser isso?

Aquilo que está *além*! *Meta* quer dizer além de, e física nos remete à nossa realidade.

Então, o que estaria além daquilo que conseguimos explicar empírica e racionalmente?

O homem pode explicar como funciona o mundo; a metafísica vai perguntar: mas, por que existe este mundo; o que está por detrás de tudo isso? Deus existe? O que nós somos, efetivamente?

Perguntas, questões que vão além da nossa explicação racional e empírica.

Isso é *metafísica*!

Narcisismo! O que podemos pensar disto?

(24/06/2020)

Olá, pessoal!

Me pediram para falar sobre *narcisismo*!

A interpretação do famoso mito de Narciso, aquele jovem extremamente belo que, um dia, olhando seu reflexo numa fonte de água, se apaixonou perdidamente pela sua imagem e nunca mais saiu dali.

A filosofia registra com Plotino, filósofo do século 3º da nossa era, uma interpretação bastante interessante. (Plotino, representante maior do que chamamos Neoplatonismo.)

Para Plotino, isto se refere ao homem que busca – no exterior, for de si – a beleza que traz dentro dele. Nós buscamos fora de nós o que já trazemos [em nós].

Na modernidade, isso foi ampliado: o homem está condenado a viver buscando fora aquilo que traz no seu interior.

E isto pode se referir a nós, pessoal. [Nós] que, para consolidarmos aquilo que achamos belo (em nós), o buscamos fora de nós.

Saber com exatidão é saber pouco

(Johann Goethe)

(25/06/2020)

Olá!

Vamos falar hoje sobre Johann Goethe, famoso escritor alemão do início do século 19.

Ele disse, certa feita, o seguinte: *só sabemos com exatidão alguma coisa quando sabemos pouco. Quando começamos a aprender mais, surge a dúvida.* Isto nos traz algumas reflexões.

Uma delas: o mundo é complexo demais para se esgotar num conhecimento raso. A outra: muitas vezes nos conformamos com esse conhecimento raso das coisas. Ele [esse conhecimento] nos tranquiliza, nos apazigua e, de certa forma, nos encaminha.

A dúvida é sempre um incômodo. Ter incertezas sobre as coisas é incômodo.

Mas eu pergunto: o que nos liberta mais? A certeza imediata de alguma coisa, ou a dúvida – que pode nos conduzir a saberes posteriores maiores?

Para que serve a filosofia?

(26/06/2020)

Olá!

Alguém me perguntou: – *João, para que serve a filosofia?*

Bem, realmente os conceitos da filosofia não nos ajudam a construir grandes máquinas, grandes tecnologias. Não nos ajudam a erradicar doenças, criar vacinas. Nada disso!

Kant dizia: *não se ensina nenhuma filosofia. O que se ensina é filosofar.*

O que é o filosofar?

O filosofar não é jogar conversa fora!

Filosofar é pensar na nossa vida, nas coisas pequenas que determinam nossas ações, aquilo que valorizamos. Filosofar é olharmos para nós mesmos, com muito mais senso crítico, com muito mais capacidade de reflexão.

Não, a filosofia não serve para nada! Porque, sendo esse pensamento crítico e autônomo, não está a serviço de nada, de ninguém.

O que significa dialogar?

(27/06/2020)

Olá, pessoal!

Falemos sobre a palavra *diálogo*.

Diálogo vem do grego, e é composto por *DIA* e *LOGOS*.

DIA significa "através de", e *LOGOS* significa "palavra".

Para o grego, *LOGOS* significa muito mais do que uma simples palavra, mas algo que possa abarcar um conhecimento maior sobre o Universo, sobre a totalidade.

Então, diálogo, que sempre acontece entre duas pessoas (ou mais), significa uma busca conjunta por um saber maior; busca de uma coisa grandiosa.

Diálogo não é apenas manifestar a sua opinião, mas respeitar e ser tolerante com a visão do outro; para que, juntos, com igualdade de importância, possa se construir algo maior: um saber maior.

Dialogar talvez seja o caminho para que encontremos um mundo diferente: um mundo mais tolerante e mais sábio.

A ignorância em nossas vidas

(28/06/2020)

Olá, pessoal!

Falemos hoje sobre a palavra *ignorância*. Termo que veio do latim e significa, basicamente, não se saber sobre alguma coisa, sobre alguma área do conhecimento ou – num campo mais geral – alguém que não teve condições de estudar, por exemplo, e não tem cultura: sabe poucas coisas.

Kant, no século 18, dizia que há dois tipos de ignorância: a *ignorância objetiva* e a *subjetiva*.

A ignorância objetiva: não se saber sobre algum fato ou não saber raciocinar sobre alguma coisa: não estar preparado para isso.

Mas existe também a ignorância subjetiva, que é a consciência que temos de que não sabemos, e sobre até onde o conhecimento pode chegar. Ele a chamava *douta ignorância*.

E eu pergunto aqui: não seria a consciência da nossa ignorância, modestamente, o primeiro passo para aprendermos?

"Nossa vida mundana"!

Hum... Dá o que pensar!

(29/06/2020)

Olá, pessoal!

Falemos, hoje, sobre o termo *mundano*. O que significa isto? Que são coisas mundanas?

Nós normalmente usamos este termo para nos contrapormos a verdades religiosas, verdades transcendentes. Então, dizemos: nossa vida mundana: aquilo que depende apenas do mundo em que vivemos, da nossa ação direta, sem nos vincularmos a verdades universais, transcendentes.

O que é mundano depende de mim. Está aqui neste mundo.

E aqui vai a minha questão, a minha reflexão de hoje.

Será que quando nos vinculamos a verdades, a conceitos, a temas eternos, transcendentes, não estamos deixando de lado – automaticamente, sem que percebamos – a nossa vida verdadeira, essa *de carne e osso*?

Mundo cósmico? Até que ponto?

(30/06/2020)

Outro dia, um aluno, falando sobre o Universo, usou a palavra *cosmos*.

Eu lhe perguntei por que usava essa palavra, e ele me disse que é como se chama o Universo. E a gente conversou.

Esta é uma palavra que vem da antiguidade grega. *Cosmos* quer dizer ordem, organização, harmonia, que é como o grego via o nosso mundo, regido por leis próprias.

Dizem que vem já de Hesíodo, ou dos pitagóricos, Parmênides. Toda essa gente falava sobre cosmos, universo organizado.

Na modernidade, isso cai por terra. O mundo tem entropia crescente.

E Jaspers diz que nós temos a ideia de cosmo segundo nossos interesses, nossa visão própria.

Eu pergunto: neste mundo de tanta dor, tanta desigualdade, tanta violência, preconceitos, o que é cósmico? O que é organizado?

Amor fati. Amemos nosso destino.

(01/07/2020)

Olá!

Falemos sobre *amor fati*. O que é isto?

Amor fati é uma expressão latina, estoica, muito usada por Friedrich Nietzsche, filósofo do século 19.

Nietzsche, que é considerado por muitas das pessoas que nunca o leram como um sujeito depressivo. E aí está um tremendo engano.

Nietzsche valorizava muito a nossa vida, essa verdadeira *de carne e osso*. E *amor fati* significa amor ao destino. Amor à vida, como ela foi, como ela é, e como ela poderá ser. Porque não existe nada maior para nós do que esta vida – nossa, material, da terra – de carne e osso.

Então, Nietzsche propunha: amemos a vida como ela foi, como ela é e como ela puder ser. Porque é o máximo que nós temos.

Viva o pensamento!

PENSANDO MAIS, AS COISAS DO MUNDO TORNAR-SE-ÃO MAIS CLARAS E MAIS SIMPLES.

(02/07/2020)

Olá, pessoal!

Hoje é dia de comemorarmos. São mais de 60 vídeos de um minuto dedicados a compartilhar pensamentos.

Na manhã de cada dia, a gente lança uma ideia para ser pensada, discutida por todos nós. Juntos!

E aqui, comemorando este momento, eu gostaria de mostrar para vocês o aforismo 189 do livro *A Gaia Ciência*, de Nietzsche, que diz o seguinte. Chama-se "O pensador".

"É o pensador. Isto significa que sabe enxergar as coisas com maior simplicidade do que elas realmente são".

Talvez a gente deva desenvolver essa prática de pensar, refletir, o tempo todo. Porque as coisas tornar-se-ão mais claras para nós.

Vivemos numa sociedade onde, mais do que nunca, é importante que pensemos sobre as coisas.

O mundo funciona matematicamente!

(03/07/2020)

Olá, pessoal!

Nossa saudação hoje vai para os colegas matemáticos.

E começo esta saudação evocando o grande filósofo e matemático do século 17, Galileu Galilei, que afirmou que "o mundo está escrito em língua matemática". O mundo funciona matematicamente. "Para conhecermos este mundo, efetivamente, temos de saber os símbolos e os conceitos matemáticos. Se não, iremos vagar por um obscuro labirinto".

E, realmente, tecnologia e ciência são matemática, pessoal!

Mais para a frente, no século XX, outro grande pensador e matemático, Bertrand Russel, afirma que "as equações não explodem".

Vejam que interessante: apesar de concordar que o mundo funciona matematicamente, ele entende que esse bom ou mau funcionamento dependerá de nós, humanos. Para a guerra ou para a paz!

Diversão é algo que nos faz felizes?

OU APENAS SERVE PARA NOS DISTRAIR E NOS FAZER FUGIR DA REALIDADE?

(04/07/2020)

Ontem, um amigo me dizia: – *João, nesta quarentena o que você tem feito para se divertir, para ficar mais feliz?*

Eu pensei no assunto e percebi que diversão não é algo para nos fazer mais felizes.

Diversão vem do termo latino *divertere*, que quer dizer *mudar de direção, sair do caminho.*

E quer dizer exatamente o contrário: *como não conseguimos fugir da tristeza, vamos esquecê-la.*

Pascal dizia, no século 17, que, como não conseguimos fugir da nossa miséria, da nossa condição ínfima, *criamos alternativas* que nos façam esquecer momentaneamente isso.

Mas o problema persiste. E não podemos ser felizes com tantos problemas.

E eu pergunto: hoje, o que é que nos diverte, pessoal?

O que é que existe na nossa vida que nos afasta da consciência de nossos problemas? Aquilo que realmente importa, que não vemos, e não queremos ver.

O que são mitos?

POR QUE AS CULTURAS DESENVOLVEM MITOLOGIAS?

(05/07/2020)

Falemos hoje sobre *mitos*!

O que são mitos? O que são as mitologias?

Na verdade, um mito é uma narrativa. Uma narrativa criada por uma determinada cultura, por um determinado povo, para responder àquela antiga questão: *de onde viemos e para onde vamos*?

Esta questão responde também [a uma indagação sobre] como devemos nos comportar dentro de uma determinada sociedade. Que valores nós temos que preservar? Que valores garantirão a nossa sobrevivência e prosperidade?

Então, os mitos têm narrativas não apenas primordiais, mas que mostram o comportamento ideal daqueles chamados heróis, a serem imitados.

O mito garante a nossa sobrevivência enquanto cultura.

É obvio: enquanto a ciência não fora ainda desenvolvida.

O mito regula, explica e acalma!

Privacidade! Isto ainda é importante?

Ou o que vale é a tecnologia, que chega a escancarar a vida das pessoas?

(06/07/2020)

Olá!

Falemos hoje sobre *privacidade*!

Eu estava vendo um vídeo em que um ator famoso da televisão estava participando de uma *live* com milhares de pessoas, e a sua esposa, que estava nua, passou por trás dele, tentando disfarçar mas não percebendo que estava sendo vista por todo mundo que assistia à *live*.

Alguma coisa me chamou a atenção, e comecei a pensar: a privacidade, um dos valores mais importantes [para] o indivíduo, nestes tempos em que a tecnologia parece dar as cartas, ficou em segundo plano.

Há décadas, quando a gente queria fazer uma ligação telefônica para assegurar nossa importância, nossa relevância num contexto, fazíamos isso isoladamente... escondidos.

Hoje, falamos abertamente ao telefone celular, na frente de todo mundo.

Me chamou a atenção tudo isso. E eu me pergunto – e pergunto a vocês todos -: o que é mais importante: a tecnologia, ou o ser humano, aquele que criou essa tecnologia?

O que acontece nas redes sociais?

NÃO SERIA UM NOVO MODELO DE INVASÃO E DE VIOLÊNCIA?

(07/07/2020)

Olá!

Ontem, nós falávamos sobre privacidade, e como a tecnologia nos impõe certas coisas que nós não desejamos inicialmente. Acabamos aceitando.

Pois, algumas pessoas nos ligaram, nos mandaram mensagens, e uma colega me falou assim: – *professor, não é normal alguém invadir a sua conversa, alguém invadir a sua casa para lhe dizer coisas, para lhe fazer insinuações, para lhe ameaçar...*

Pois bem, o que acontece nas redes sociais, pessoal: você tem a sua rede, alguém invade, lhe diz o que quer, faz insinuações, muitas vezes lhe ofende, e vai embora. E as coisas parecem ganhar uma normalidade, com isso. As pessoas veem fotos, sabem da sua vida, as pessoas opinam.

Isso é normal, pessoal?

O ser humano caminhou até aqui para fazer isto?

A mulher pode ser melhor que o homem para governar?

(08/07/2020)

A nossa reflexão de hoje fica reforçada com a contribuição da Larissa, de Rio Claro, que é minha prima: uma jovem muito preocupada com o problema da mulher.

E ela observa: – *João, veja como países como a Nova Zelândia, com Jacinda Ardern, a Alemanha, com Angela Merkel*[12]*, estão tendo resultados muito melhores no combate à pandemia do que outros países governados por homens". E ela diz: – há outros exemplos, também!*

Ela me levanta a seguinte questão: "como a sociedade patriarcal, onde o homem governa, onde o homem manda, tem sido violenta, tem sido desigual e injusta! E nós estamos vendo exemplos em que [as] mulheres governando conseguem resultados melhores".

Não será a mulher – pelo seu passado de luta, por ter experimentado discriminações, preconceitos e violências – melhor para governar o que é humano?

---

[12] Angela Merkel e Jacinda Ardem eram, no ano de 2020, quando a pandemia se deflagrou no mundo, as primeiras-ministras de Alemanha e da Nova Zelândia. Foram reconhecidas mundialmente pelo trabalho sério que fizeram em seus respectivos países.

Ah! Saudade! Mas o que é isso?

(09/07/2020)

Uma pessoa muito especial me pediu para falar sobre *saudade*.

E há quem diga que saudade não seja um termo filosófico. Apenas sentimentalidade. Entretanto, dá para a gente pensar.

Saudade dá sempre aquela ideia de incompletude. A tristeza por alguma coisa que nos faz falta. Que tivemos. Pessoas, lugares e situações que hoje gostaríamos de ter.

Saudade vem do latim, *solitatis*, que, em alguns idiomas, foi se transformando em solidão.

Saudade é a comparação entre aquilo que nos oprime hoje na vida presente e algo que idealizamos como mágico, melhor.

Aquela sensação de que o nosso momento nos oprime, nos entristece, e algo ideal poderia nos transformar.

A capacidade humana de criar ideais frente uma realidade que não é tão boa assim.

Carpe diem!

A vida é curta e só temos o presente!
(10/07/2020)

Reflitamos, aqui, sobre o termo latino *carpe diem*, que foi escrito pelo poeta romano Horácio, no século 1º a.C.

Na sua narrativa, a frase completa é: *carpe diem quam minimum credula postero*. E seu significado imediato é: "colhamos, encontremos, vivamos o dia de hoje, porque o amanhã é algo em que não podemos confiar".

Só que isto quer dizer algo mais.

Isto evoca o pensamento de Epicuro, inclusive. E quer dizer: "vivamos o presente, porque a vida é curta, é imprevisível; a beleza se desfaz, e não sabemos como será o amanhã.

Então, para a gente, pessoal: o que existe, hoje, é o nosso presente. É a nossa vida. Que deve ser bela, que deve ser aproveitável!

Violência! Será que tem de ser sempre assim?

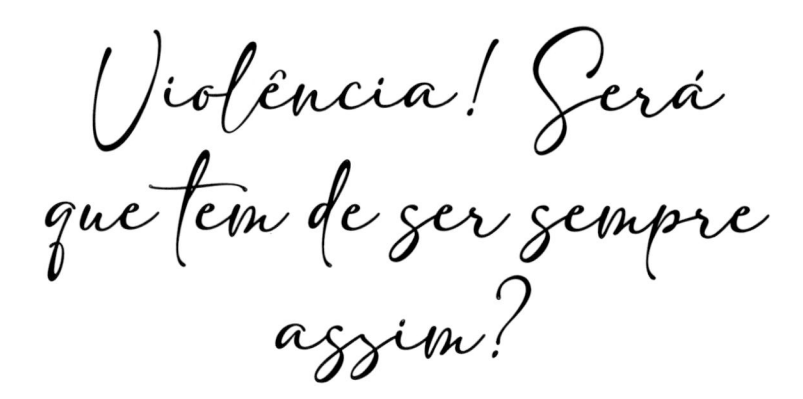

(11/07/2020)

O tema de hoje é complicado: *violência*!

O que é violência?

Inicialmente, pensamos no dano físico causado intencionalmente por uma pessoa sobre a outra. Ou então na agressão entre as nações, nas guerras.

Mas, existe a *fome*, a *intolerância*, a *discriminação*, o *preconceito*, que matam tal e qual.

Violência vem do latim *violentia*, que quer dizer abuso da força.

No grego, violência era chamada *hybris*, e quer dizer abuso do poder; ou afronta à natureza – àquilo que é normal, natural.

A verdade é que a violência acompanha a história humana. O humano parece ser violento mesmo. E a violência acaba se tornando normal. Pior que isso, acaba se tornando solução para problemas que a gente encontra no mundo.

Ora, será que, depois de tanto tempo, não existe nada melhor que isto?

Filosofar não é dar opiniões.

É BUSCAR O QUE ULTRAPASSA AS OPINIÕES: O QUE PERMANECE, QUE ALMEJA SER VERDADE.

(12/07/2020)

Outro dia, eu ouvi um singelo elogio ao nosso "minuto filosófico", aqui. Alguém me disse: – *João, que bom reservar um espaço para que a gente possa discutir coisas em profundidade. Assim, eu me vejo fortalecendo a minha opinião.*

E eu fiz uma correção. Eu disse: – *não; a filosofia não vem aqui para fortalecer a sua opinião – a velha doxa grega. Não!*

A filosofia tenta ultrapassar as opiniões.

Todos nós temos diferentes visões; diferentes opiniões, portanto, sobre as coisas.

O que a filosofia quer? O sonho da filosofia é encontrar aquilo que continua sendo [sempre] verdadeiro, aquilo que não depende da visão de cada um. Aquilo que é conceito.

Filosofar é buscar, nas opiniões, algo que as supere. Algo que permaneça.

Pensamento racional!

O QUE A RAZÃO TEM NOS AJUDADO A SER NESTE MUNDO?

(13/07/2020)

Que podem a racionalidade e o pensamento profundo?

Nós que trabalhamos na educação enfatizamos que o conhecimento pode nos libertar.

Entretanto, em 1947, Theodore Adorno e Max Horkheimer, representantes da Escola de Frankfurt, lançaram um livro chamado *Dialética do Esclarecimento*, em que dizem que o nosso conhecimento racional infelizmente, é instrumental, imediato. Construímos coisas tecnológicas sem que reflitamos sobre os seus fins.

Então, da grande descoberta, por exemplo, da destruição do núcleo atômico, grande feito tecnológico/científico, acontecem duas bombas atômicas.

No momento em que o homem consegue desenvolver parafernálias tecnológicas fantásticas, surgem Nazismo e Fascismo.

Ora, o que a nossa razão nos tem ajudado a sermos nesse mundo, pessoal?

Ser "além do homem"!

Construir uma vida bela e feliz.

(14/07/2020)

Falemos sobre o Super-homem de Nietzsche. (Eu sou daqueles que não gostam desta tradução para a palavra *Übermensch* que Nietzsche usava.)

Übermensch significa: algo que vai além do homem.

Super-homem potencializa ao extremo as capacidades humanas, as características humanas. [Não é desse ser que ele fala.] *Übermensch* procura romper com isso.

E Nietzsche faz uma crítica ao homem ressentido, fragilizado, culpado no nosso mundo ocidental cristão.

Para Nietzsche, ser *além do homem* é ser capaz de viver uma vida plena, sem ressentimentos, sem arrependimentos. Uma vida que seria como a construção de um poema. Viver como se estivéssemos compondo uma sinfonia.

Trocar o critério moral pelo critério estético. E viver feliz com a vida que temos.

Isto é ser *além do homem.*

Quem é sábio neste mundo?

(15/07/2020)

O tema de hoje é bastante interessante, mas eu o vi poucas vezes sendo tratado.

Trata-se de uma passagem do capítulo 13 do *Leviatã*, de Thomas Hobbes. Lá, Hobbes faz alusão a *saber* e *sabedoria*.

Ele diz que os diferentes *saberes*, os campos da ciência, do conhecimento em geral, dependem da nossa vontade, do nosso empenho; e também daquela aptidão de cada um para este ou aquele campo do conhecimento.

Mas ele fala [também] da *sabedoria*.

Para Hobbes, a idade determina a sabedoria. Nós todos, que temos a mesma idade, teríamos a mesma sabedoria.

Ele fala de um contato, de uma experiência com o mundo, de um aprendizado para a vida. De alguma coisa que pode ser útil, principalmente às gerações mais jovens.

Nós valorizamos, efetivamente, esses saberes, principalmente das pessoas mais velhas?

Alegria! O que é isso?

(16/07/2020)

Falemos sobre *alegria*, pessoal!

Você está alegre hoje? Eu estou alegre hoje!

Mas o que vem a ser alegria? Alegria não é felicidade. Isto é outra coisa.

Alegria é um sentimento. Alegria é algo fugaz; é algo efêmero.

As coisas do mundo, que acontecem e me afetam, e me trazem um prazer. Um prazer imediato. Me fazem ficar melhor do que estava até então. [Assim] eu digo que estou alegre.

E quais são as coisas deste mundo que nos alegram, pessoal?

Por que eu me sinto melhor do que eu estava antes?

Este mundo de hoje, com [esses] acontecimentos, tem nos feito bem, tem nos alegrado? Nós buscamos alegria onde, pessoal?

Estamos alegres?

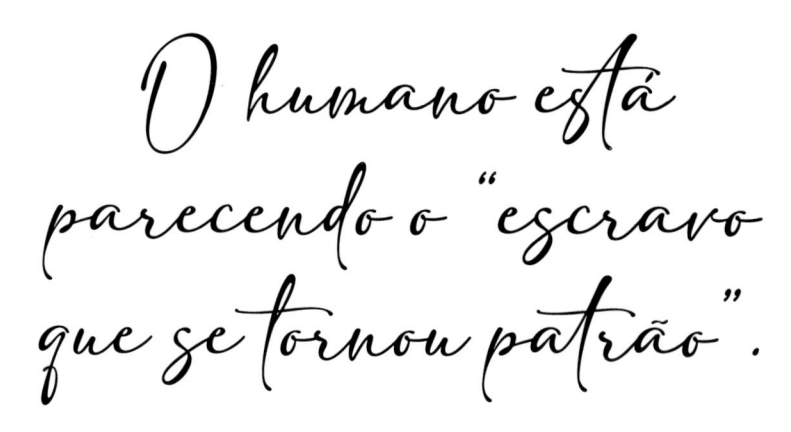

O humano está parecendo o "escravo que se tornou patrão".

(17/07/2020)

Em 1950, o filósofo Bertrand Russel escreveu um texto denominado *A Perspectiva Científica*. Nesse livro, entre muitas outras considerações, ele afirma que, durante milênios, o ser humano se disciplinou, pelo seu respeito à natureza, para que pudesse viver melhor.

E, hoje, com a tecnologia e com os avanços, nós mais nos parecemos com aquele escravo que se tornou patrão; e que é urgente uma nova ética, para que o humano passe a ser respeitado de fato. E passe [também] a respeitar.

Nesta pandemia, tudo gira em torno da vida. E aqui cabe uma questão.

Será que, durante todos estes anos, nestes últimos tempos, não teremos nos acostumado mal? E deixado essa preocupação com o humano de lado? E, agora, quando tudo gira em torno da vida, estamos desacostumados?

Buscamos a nossa metade perdida.

E o fazemos pela via do amor!

(18/07/2020)

O livro: *O banquete*, de Platão. A cena: vários amigos, num simpósio, decidem fazer uma homenagem a Eros, deus do amor. E cada um passa a dar sua visão sobre o amor.

Um deles, Aristófanes, toma a palavra e diz que, no início, o homem (o ser humano) era duplo: tinha duas cabeças, dois pares de membros voltados para um mesmo lado [para onde cada cabeça estivesse voltada]; e havia três tipos de sexo: masculino (os dois lados masculinos), feminino (os dois lados femininos) e o hermafrodita (um lado masculino e o outro lado feminino).

Zeus se incomoda com o nosso poder e corta cada ser humano ao meio, mistura todo mundo, o [nos] joga para vivermos.

As pessoas começam a morrer, tristes de saudade [de sua metade].

Zeus, com pena, resolve dar um jeito.

Decide criar o amor romântico, erótico; e as pessoas passam a buscar as suas metades perdidas.

E, assim, vivemos até hoje!

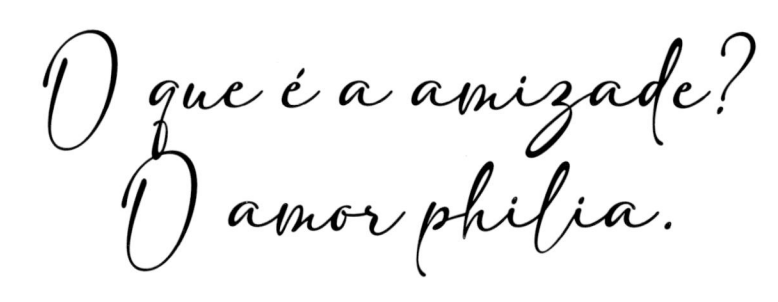

O que é a amizade? O amor philia.

(19/07/2020)

Já falamos aqui sobre o amor erótico – que vem de Eros.

Hoje, vamos falar sobre um outro tipo de amor: *amizade*, que vem da palavra *philia*, do grego.

O que é *philia*?

Seria o amor desinteressado, o amor que a gente tem por alguém sem a conotação sexual, sem a conotação do interesse. É o amor da amizade; amor entre amigos. Amor por aquela pessoa que você quer ver bem, por aquela pessoa por quem você se alegra ao encontrar.

Amor/amizade! Amor entre irmãos, entre grandes amigos.

O amor que faz com que a gente queira mais o outro. Queira mais [esse] outro para companhia, mas também para realizarmos [com ele] os nossos projetos de vida, as nossas coisas sociais e humanas.

Às vezes somos indolentes e deixamos a vida passar sem nos importarmos com ela.

(20/07/2020)

Olá, amigos!

Falemos hoje sobre o termo *indolência*.

[Esta palavra] vem do latim, de *indolentia*, e significa, inicialmente, *ausência de dor*; e nos remete a uma ideia bastante simples.

Muitas vezes, somos indolentes com relação às coisas, com relação à nossa vida. Não nos sensibilizamos pelo que está acontecendo. Nem conosco, nem com o mundo em que vivemos. Não temos sensibilidade – o sentir que as coisas vão mal e necessitam ser mudadas.

No campo pessoal, deixamos a nossa vida correr e não curamos as nossas mazelas.

No campo social, político, vemos muita coisa errada acontecer e não nos importamos: deixamos, não participamos, abandonamos a nossa responsabilidade quanto ao mundo.

O que é a paixão?

O que ela provoca em nossas vidas?

(21/07/2020)

Falemos hoje sobre a palavra *paixão*. O que é paixão?

Pertence ao rol dos amores, porém é um amor inquieto, impulsivo, até desesperado. Um amor muito intenso, incontrolável.

A palavra paixão vem do Latim, *passiones*, que quer dizer, inicialmente, sacrifício.

Vejam, no Grego, a palavra é *pathos*, que significa, além de paixão, também sofrimento.

Então, percebamos como, em nossa cultura, paixão está sempre associada a um certo desequilíbrio, a uma perda de razão, a um estado doentio.

Paixão não é valorizada. Paixão é algo que nos tira do sério.

No século 19, começamos a ter uma nova interpretação, e paixão passa a ser algo efetivamente bom, porque nos irá motivar para as grandes coisas.

A paixão pode mudar o mundo. A paixão pode mudar as pessoas.

E Vinícius de Moraes dizia: *só sei que é preciso paixão*!

Solidariedade.

VALE A PENA PENSAR NISSO?

(22/07/2020)

Olá!

Nos tempos de pandemia, nos vem, de maneira bastante recorrente, à mente, o termo *solidariedade*. Aquela qualidade de quem é solidário.

O que é isso?

Solidariedade, ajudar àquele que necessita num momento realmente difícil de sua vida.

E quantas pessoas, hoje em dia, não necessitam do nosso cuidado, da nossa atenção? Da nossa ajuda.

Entretanto, eu chamo à atenção aqui, que solidariedade – termo que vem do francês *solidarité* – também pode representar responsabilidade mútua.

Algo como não apenas ajudar, mas assumir, também, para a gente, aquilo que é do outro.

A demanda que pertence ao meu semelhante, que pode ser um problema social, por exemplo. E, aí sim, eu posso me responsabilizar *e querer o mesmo que ele.*

Perda! A pior das dores?

(23/07/2020)

Olá!

Falemos de uma coisa triste hoje. De *perda*!

A palavra perda vem do latim *perdida* e está sempre associada à falta que sentimos de alguém, ou de alguma coisa... ou de alguma situação.

Perdemos uma pessoa que se vai. Perdemos um amor. Podemos perder um emprego que valorizávamos tanto. Ou mesmo perder um jogo. E, aí, nos entristecemos.

Vejamos que a perda sempre está associada à ideia de futuro. A partir de uma perda, nosso futuro não será tão feliz quanto poderia ser, porque haverá sempre uma lacuna.

E quem sabe, por falar em futuro, a pior das perdas é o perder-se, porque aí nosso futuro é incerto: não sabemos mais o que será.

"Todos os homens têm, por natureza, desejo de conhecer".

(24/07/2020)

O grande filósofo Aristóteles, da Antiguidade, tem, na abertura de um texto póstumo seu – talvez um dos mais importantes – chamado Metafísica, a seguinte frase: *todos os homens têm, por natureza, desejo de conhecer.*

Aristóteles observava o mundo, experimentava as coisas, e, obviamente, percebeu – nas crianças, por exemplo – aquele desejo incontido de querer saber, responder a perguntas. E, de fato, para sentir-se num ambiente melhor, mais aprazível, mais seguro, o homem parte em sua empreitada de conhecer. Cria filosofias, ciências, religiões, para tentar caminhar mais seguro neste mundo.

Na Modernidade, o homem quer saber mais para transformar e viver melhor... progredir.

E hoje, pessoal? O que é que nós queremos saber?

Auscultamos o mundo ou apenas seguimos imposições?

Imperativo categórico de kant.

AGIR DA MANEIRA QUE GOSTARÍAMOS QUE TODA A HUMANIDADE AGISSE.

(25/07/2020)

No século 18, o filósofo Immanuel Kant escreveu acerca de como devemos agir moralmente, da melhor maneira possível.

Descartou, de cara, a imposição religiosa: seguirmos valores religiosos. Não!

Também não devemos observar e obedecer a uma moral social castradora. Não!

Para ele, devemos usar apenas a nossa *razão*, e, a partir dela, criarmos nós mesmos o nosso *dever* de agirmos melhor. Isso nos liberta!

E qual seria esse caminho?

Agir de uma maneira que pudéssemos querer que toda a humanidade fizesse da mesma forma. Que [o nosso agir] se transformasse em máxima universal. Sem relativismos, agir como gostaríamos que agissem conosco.

Fazer isso a todo mundo!

Arrependimento!

DE QUE NOS ARREPENDEMOS NA VIDA?

(26/07/2020)

Olá!

Vamos falar hoje sobre *arrependimento*.

Um tema difícil. Muitos filósofos se dedicaram a isso. E eu destaco três deles, aqui.

Espinosa dizia que o arrependido é duplamente infeliz: por ter feito alguma coisa ruim e por se remoer sobre ela por muito tempo.

Montaigne dizia que o arrependimento é algo importante; mas temos de tomar cuidado para que não queiramos ser alguém diferente daquilo que somos.

E Kierkegaard dizia que o arrependimento é um sinal: uma marca de que estamos efetivamente empenhados eticamente; de que queremos escolher uma vida melhor.

E eu pergunto aqui: de que é que nos arrependemos, pessoal? O que nos faz sofrer, com remorsos? Aquilo que fizemos *errado*, ou aquilo que *deixamos de fazer* – arrependimento por não termos feito?

O que é entusiasmo?

O QUE NOS ENTUSIASMA?

(27/07/2020)

Olá!

Falemos sobre *entusiasmo*.

Palavra que vem do grego *enthousiasmos*, e significava, na Antiguidade a *presença de deus, ao nosso lado ou dentro de nós*. E nos permitia que víssemos coisas maravilhosas.

Depois, Plotino dizia que entusiasmo é um verdadeiro caminho da *visão perfeita*, do *êxtase*.

Bruno, no século 16, encontrou o *entusiasmo intelectual*, que nos permite termos forças e ânimo para encontrarmos racionalmente as coisas do mundo.

No Iluminismo, o entusiasmo é criticado e comparado a *fanatismo*. E isso cai por terra na contemporaneidade.

E eu diria: hoje, o entusiasmo (que nós sentimos por um projeto, uma realização, por um futuro)...

Entusiasmo este, que começou como algo religioso, hoje se transforma em ânimo por algo que possamos fazer da nossa vida.

O que nos entusiasma, pessoal?

Conflitos!

VIVEMOS EM CONFLITOS COM OS OUTROS E CONOSCO.

(28/07/2020)

Olá!

A palavra de hoje é *conflito*, que vem do latim *conflictus*; e está sempre associada a *divergências, embates, lutas*.

Podemos dizer, hoje, que o conflito seria a falta de entendimento, provocada por visões diferentes, por pensamentos diferentes – entre as pessoas. Divergências.

Existe, no lado psicológico, aquela ideia de que são dois impulsos – antagônicos e excludentes – que se passam dentro da gente.

No século 18, o filósofo David Hume dizia que existe um conflito entre o nosso *instinto* e a nossa *razão*.

O instinto leva-nos a crer, e a razão põe em dúvida essa crença.

Hoje em dia, quais são os conflitos que temos com as pessoas e conosco mesmos?

A nossa memória. O "ventre da alma"!

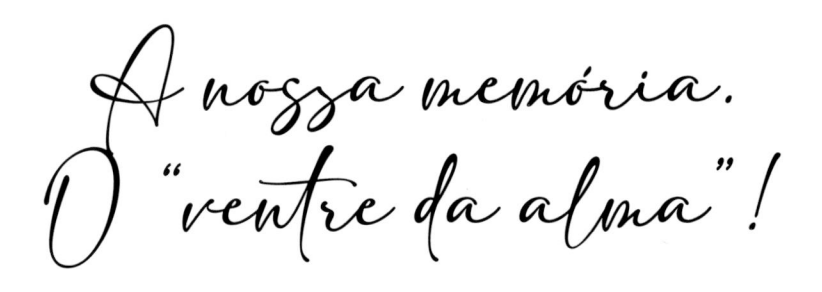

(29/07/2020)

Olá!

Falemos hoje sobre *memória*. Você tem boa memória?

O que é isso? Essa capacidade (que temos) de recordar situações do passado; trazê-las à mente.

Platão dizia que é uma *conservação de sensações*.

Aristóteles dizia que se trata de uma *busca* que fazemos.

Santo Agostinho a chamava de "o ventre da alma". Pela memória, recordamos aquilo que aconteceu de bom, que a gente pode chamar de inesquecível.

Mas aí vai uma questão: neste mundo, a gente gostaria, muitas vezes, de esquecer certas coisas. Ou porque foram muito boas e não as temos mais, ou porque foram ruins para nós.

Engraçado, não? Num mundo em que vivemos buscando alegria, nós acabamos tendo o desejo de *esquecer*, de *apagar* coisas da mente.

Preservar valores consagrados é uma boa?

(30/07/2020)

Olá!

No seu livro *Aurora*, no aforismo 297, Friedrich Nietzsche nos afirma que a maneira mais segura de estragarmos um jovem é incitá-lo a estimar mais aquelas pessoas que pensam como ele do que aqueles que pensam diversamente.

Bastante interessante, porque esse texto – esse livro – é uma radiografia da moral, dos valores: por que eles estão aí, por que [valorizamos algo] etc.?

E vejam que Nietzsche faz uma problematização interessante sobre a *Educação* das novas gerações. A educação dos novos cidadãos.

Está questionando, sim, o fato de incitarmos nossos jovens a continuar pensando da mesma forma. Valorizar aquilo que já está dado.

Quem sabe *crítica*, *problematização*, *questionamento* não sejam ingredientes muito interessantes, inclusive hoje em dia.

Hábito

O QUE É ISSO? COMO SÃO NOSSOS HÁBITOS?
(31/07/2020)

Olá!

Falemos hoje sobre a palavra *hábito*, que vem do latim *habitus* e significa, inicialmente, algo que fazemos sempre, que já incorporamos (de tantas vezes que os repetimos). Fazemos sem pensar.

Aristóteles dizia que hábito é alguma coisa que imita a natureza. A natureza faz sempre do mesmo jeito. Então, quando temos aquela condição de fazermos sempre as mesmas coisas, estamos imitando, de certa forma, a natureza. E a natureza, para Aristóteles, era muito importante.

No século 18, David Hume dizia que, através do hábito, das coisas que se repetem, podemos fazer a conexão entre *causas* e *finalidades*.

Voltando a Aristóteles, ele dizia que a virtude vem pelo hábito.

E nós temos um termo, *mau hábito*, que significa aquilo que não está fluindo bem.

Será que a gente para pra pensar nas *coisas que não estão indo bem e que fazemos sempre*?

Enquanto pessoas, Será que o conhecimento e a tecnologia nos fizeram progredir?

(01/08/2020)

Pessoal!

Vamos falar aqui sobre a ideia de *progresso*.

Não o progresso que significa apenas *andar para a frente*, as *coisas acontecerem*; mas essa ideia que temos de que o futuro poderá ser muito melhor (que antes). Que a evolução tecnológica nos trará para um mundo humano muito melhor.

Essa ideia não havia na Antiguidade, nem no medievo.

(Na Antiguidade, por exemplo, se falava em decadência ou em *mundo cíclico*.)

Isso começa na Modernidade, lá pelo século 17.

Francis Bacon, por exemplo, fala em "maioridade do mundo". E [vai surgindo] aquela ideia de que, evoluindo tecnologicamente, por exemplo, seremos melhores.

Mas, aí eu pergunto: toda essa evolução tecnológica nos tornou pessoas mais felizes? Não nos terá trazido ainda mais destruição? Será que nós progredimos como seres humanos?

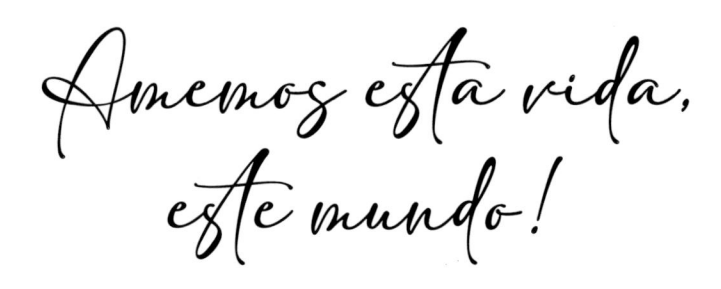

Amemos esta vida, este mundo!

RECADO DE FERNANDO PESSOA.

(02/08/2020)

Olá, pessoal!

Aqui vai um poema de Fernando Pessoa, que escreve como Alberto Caeiro.

> *Aceita o universo*
>
> *Como to deram os deuses.*
>
> *Se os deuses te quisessem dar outro*
>
> *Ter-to-iam dado.*
>
> *Se há outras matérias e outros mundos*
>
> *Haja[13].*

O que o nosso poeta está querendo dizer ou está querendo que sintamos a partir de seu poema?

Muitos podem dizer: é um manifesto de que ele só acredita neste mundo, que não acredita em outras vidas e em outros campos...

Mas também podemos ver, pela fala do poeta, que ele está manifestando o seu amor e sua valorização a esta vida. Esta vida de carne e osso. Esta vida deste mundo: a única que temos.

Nos ensina o poeta: amemos esta vida e vivamos tudo.

---

[13] Alberto Caeiro. Aceita o Universo, *In: Poemas Inconjuntos.* (Heterónimo de Fernando Pessoa).

Agir com bom senso é não ser intempestivo.

MAS, O BOM SENSO NOS GARANTE ATITUDES MAIS SÁBIAS?

(03/08/2020)

Olá, pessoal!

O que dizer do temo *bom senso*?

Bem, este termo foi usado por René Descartes, no século 17, no seu livro *Discurso do Método*, como sinônimo de *razão*.

Só, que isto hoje não tem mais nenhum sentido.

Razão é quase que uma metodologia de um pensar rigoroso, cuidadoso, que é usado nas ciências, na filosofia.

Não! O *bom senso* remete a sentimento. Algo de bom que conseguimos construir a partir daquilo que trazemos dentro de nós.

O que é que trazemos dentro de nós?

Fruto das nossas opiniões, das nossas crenças, estão os nossos *valores*. Então, driblando intempestividades, agimos com bom senso.

A questão é: não sendo o bom senso algo racional, baseado apenas em nossas opiniões e crenças, será que conseguimos agir corretamente, no bom senso?

Perdão é algo muito valorizado em nossa cultura, principalmente dentro das religiões.

PERDOAR SERIA UMA VIRTUDE SUPREMA.

MAS, SINCERAMENTE, TRATA-SE DE ALGO POSSÍVEL DE FATO?

(04/08/2020)

Vamos falar aqui sobre a palavra *perdoar*.

O termo vem do latim *perdonare*. *Per* significa totalidade. *Donare* é doar-se.

Doar-se completamente. Esquecer completamente.

Gostaria de trazer aqui uma visão do filósofo do século XX, Jacques Derrida, franco-argelino. Ele dizia assim: *há, na ideia do perdão, algo de transumano. O impossível opera na ideia de um perdão incondicional, uma vez que esse perdão, que perdoa o imperdoável, é um perdão impossível.*

Derrida nos diz que perdoar é impossível, antinatural. Algo forçado. Muito valorizado pelas religiões.

Será que nós conseguiríamos perdoar de fato, completamente, algo muito ruim que nos tivessem feito?

A preguiça é algo ruim?

UM VÍCIO, UM VÍRUS PARA O NOSSO SISTEMA. SERÁ QUE ISSO É ALGO SIMPLES DE EXPLICAR E ENTENDER?

(05/08/2020)

Olá, pessoal!

Neste nosso cantinho, onde costumamos falar coisas que não se falam por aí, vamos discutir sobre a *preguiça*, a *acédia*.

Essa falta de disposição para o trabalho, para a produção.

Preguiça vem do latim *pigritia*, e está sempre associada a ócio, a vadiagem. E é considerada algo ruim, no nosso mundo. Tão ruim que é um dos sete pecados capitais.

Vejam, pessoal! Parece-me que não produzir, não querer fazer parte dessa roda de produção e consumo é algo muito nefasto dentro do nosso sistema capitalista.

Já imaginaram se, ao invés do coronavírus, existisse o vírus da preguiça?

Já imaginaram, para o sistema, uma crise pandêmica de preguiça; de falta de desejo para a produção?

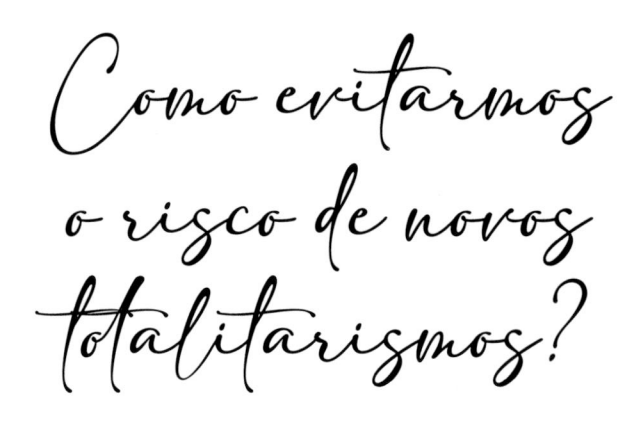

Como evitarmos o risco de novos totalitarismos?

O HUMANO NÃO CONSEGUE PENSAR NADA DIFERENTE DISSO?

(06/08/2020)

Olá, pessoal!

Difícil olharmos para o nosso mundo hoje e não percebermos riscos de novos totalitarismos.

No mundo, no nosso país, essa perspectiva é bem clara. Que riscos podemos estar correndo neste momento?

Me vem à mente a filósofa Hanna Arendt, do século XX, que dizia que o que prepara o totalitarismo dentro das massas é esse sentimento individual de solidão, em meio a tanta gente. E a perspectiva sempre sombria sobre tudo que possa acontecer conosco no mundo.

E aqui vai uma questão: será possível que não possamos encontrar, para resolver os nossos problemas, nada diferente de mortes, destruição, exceções?

Será que o humano não consegue inaugurar nada diferente e melhor?

Nós humanos somos mais, bem mais que a razão!

(07/08/2020)

Olá, pessoal!

Já falamos algumas vezes, aqui neste espaço, sobre Blaise Pascal, filósofo francês do século 17.

Matemático, físico, muito ligado às coisas da *razão*.

No seu século, as coisas estavam voltadas para esse lado racional.

Mas, Pascal diz o seguinte: o último esforço da razão é reconhecer que existe uma série de outras coisas que a ultrapassam.

Pascal percebeu que nós somos muito mais do que o nosso lado racional; que nos deixamos levar pelas paixões; que amamos; que nos sensibilizamos; que criamos coisas belas: a arte, a música, a dança, a literatura.

E, apesar de todo o nosso lado racional, nos deixamos levar pelas emoções.

Sim, nós somos muito mais que a razão, pessoal. Muito mais!

Ser maduro é resgatar a seriedade dos tempos de criança

(08/08/2020)

No aforismo 94 de seu livro *Além do Bem e do Mal*, Nietzsche nos diz que: *a maturidade do homem consiste em reencontrar a seriedade que tinha nos brinquedos, quando era criança.*

Parece-nos um paradoxo. Como pode alguém se tornar mais maduro voltando a ser criança?

Mas talvez Nietzsche tenha observado uma criança brincar.

Ela é muito séria, faz aquilo com amor, como se o mundo dependesse daquele momento.

E brincar é, realmente, algo alegre por definição. A criança é alegre: faz tudo com alegria.

Quem sabe as crianças já saibam o segredo da vida, o qual seria buscar cada vez mais, e mais, *vida!*

Talvez nos esqueçamos disto ao longo da nossa penosa existência e só vamos recordar bem mais tarde.

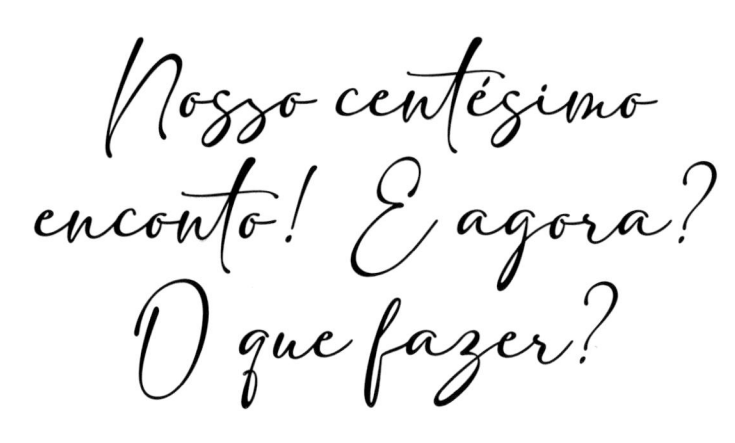

Nosso centésimo enconto! E agora? O que fazer?

(09/08/2020)

Olá, pessoal!

Hoje é um dia de comemoração!

Hoje, 9 de agosto, nós completamos 100 vídeos de *um minuto*, todas as manhãs, ininterruptamente.

Sempre trazendo alguma reflexão, compartilhada.

E 100, apesar de ser um número qualquer (como qualquer outro), tem uma marca: é uma centena. E pode nos chamar a atenção para algumas coisas. Inclusive para uma nova reflexão.

Afinal, o que fazer depois de 100 realizações? De um marco como este?

Parar?

Modificar, transformar?

Sim, pois assim é a vida! Nós não vivemos de uma coisa só! Elas vão se transformando, vão se modificando.

O que faremos daqui para a frente, pessoal?

A heráclito

A s portas, de tão abertas,

N ão nos permitem ver!
A vida anda errante,
T onta, ébria... e segura...
U ns se encantam,
R efestelam-se, dançam,
E nquanto outros, praguejando,
Z ombam da tristeza, desistem,
A calentam-se em verdades...

A flor segue linda, mistério...
M elodias nos acordam:
A ndam pela história... sem porquês.

E quem as há de explicar?
S óis e planetas se desvelam
C ontidos, porém: há mistérios.
O u apenas os preferimos,
N ão querendo constatar,
D esolados, nosso fim...
E speramos, ou nos agarramos,
R esignados, às fés de plantão.
-
S em ruído, segue a vida,
E nós a buscamos, e navegamos...